씽크톡톡
Think TokTok

기초에서 활용까지 한 번에 배우는

THiNK TokTok

엑셀 2016

씽크톡톡 엑셀 2016

초판 1쇄 발행_2021년 2월 28일
지은이 웰북교재연구회 **발행인** 임종훈 **편집인** 강성재
표지 · 편집디자인 인투 **출력 · 인쇄** 정우 P&P
주소 서울시 마포구 방울내로 11길 37 프리마빌딩 3층
주문/문의전화 02-6378-0010 **팩스** 02-6378-0011
홈페이지 http://www.wellbook.net

발행처 도서출판 웰북

ISBN 979-11-86296-62-2 13000

꼭 기억하세요!

상담을 원하시거나 컴퓨터 수업에 출석할 수 없는 경우 아래 연락처로 미리 연락주시기 바랍니다.

타수체크

초급단계

월 일	월 일	월 일	월 일	월 일	월 일
월 일	월 일	월 일	월 일	월 일	월 일
월 일	월 일	월 일	월 일	월 일	월 일
월 일	월 일	월 일	월 일	월 일	월 일
월 일	월 일	월 일	월 일	월 일	월 일

중급단계

월 일	월 일	월 일	월 일	월 일	월 일
월 일	월 일	월 일	월 일	월 일	월 일
월 일	월 일	월 일	월 일	월 일	월 일
월 일	월 일	월 일	월 일	월 일	월 일
월 일	월 일	월 일	월 일	월 일	월 일

고급단계

월 일	월 일	월 일	월 일	월 일	월 일
월 일	월 일	월 일	월 일	월 일	월 일
월 일	월 일	월 일	월 일	월 일	월 일
월 일	월 일	월 일	월 일	월 일	월 일
월 일	월 일	월 일	월 일	월 일	월 일

이 책의 목차

01강 처음 만나는 엑셀 2010
01 엑셀 2010을 살펴보아요 ········ 6
02 글자를 입력하고 고쳐보아요 ········ 7
03 스프레드시트 문서를 저장해요 ········ 9
혼자서도 잘해요! ········ 10

02강 한자와 기호 입력하기
01 한자를 입력해요 ········ 11
02 기호를 입력해요 ········ 12
혼자서도 잘해요! ········ 14

03강 자동으로 내용 채우기
01 반복 데이터 채우기 ········ 15
02 연속 데이터 채우기 ········ 16
혼자서도 잘해요! ········ 18

04강 행과 열 설정하기
01 행과 열 크기 조절하기 ········ 19
02 행과 열 삽입하기 ········ 22
혼자서도 잘해요! ········ 23

05강 글꼴 서식 지정하기
01 글꼴 서식 지정하기 ········ 24
02 글꼴 서식 복사하기 ········ 27
혼자서도 잘해요! ········ 28

06강 테두리와 채우기 지정하기
01 셀 테두리 지정하기 ········ 29
02 셀 채우기 지정하기 ········ 31
혼자서도 잘해요! ········ 33

07강 셀 스타일과 표 서식 지정하기
01 셀 스타일 적용하기 ········ 34
02 표 서식 적용하기 ········ 36
혼자서도 잘해요! ········ 38

08강 도형과 SmartArt 삽입하기
01 도형을 삽입해요 ········ 39

02 SmartArt를 삽입해요 ······ 41
혼자서도 잘해요! ······ 43

09강 WordArt와 온라인 그림 삽입하기
01 WordArt 삽입하기 ······ 44
02 온라인 그림 삽입하기 ······ 46
혼자서도 잘해요! ······ 48

10강 수식으로 계산하기
01 수식으로 계산하기 ······ 49
02 수식 수정하기 ······ 50
혼자서도 잘해요! ······ 52

11강 함수로 계산하기
01 자동 함수로 계산하기 ······ 53
02 함수식으로 계산하기 ······ 55
혼자서도 잘해요! ······ 57

12강 데이터 정렬하기
01 데이터 정렬하기 ······ 58
02 기준을 설정하여 정렬하기 ······ 60
혼자서도 잘해요! ······ 62

13강 필터로 정렬하기
01 필터로 정렬하기 ······ 63
02 원하는 데이터만 표시하기 ······ 65
혼자서도 잘해요! ······ 67

14강 조건부 서식 지정하기
01 조건부 서식 지정하기 ······ 68
02 데이터 막대로 조건부 서식 표시하기 ······ 71
혼자서도 잘해요! ······ 72

15강 부분합 사용하기
01 데이터 정렬과 부분합 설정하기 ······ 73
혼자서도 잘해요! ······ 77

16강 차트 만들기
01 차트 삽입하기 ······ 78
02 차트 서식 설정하기 ······ 80
혼자서도 잘해요! ······ 82

● 솜씨 뽐내기 ······ 83

01강

처음 만나는 엑셀 2016

이렇게 배워요!

- 새로운 시트를 만들고 저장하는 방법을 알아보아요.
- 시트에 데이터를 입력하고 수정하는 방법을 알아보아요.

01 엑셀 2016을 살펴보아요

엑셀 2016은 셀로 구성된 시트를 이용하여 표 계산 문서를 만들 때 사용하는 프로그램입니다. 엑셀 2016의 메뉴와 기능들의 위치를 알아보아요.

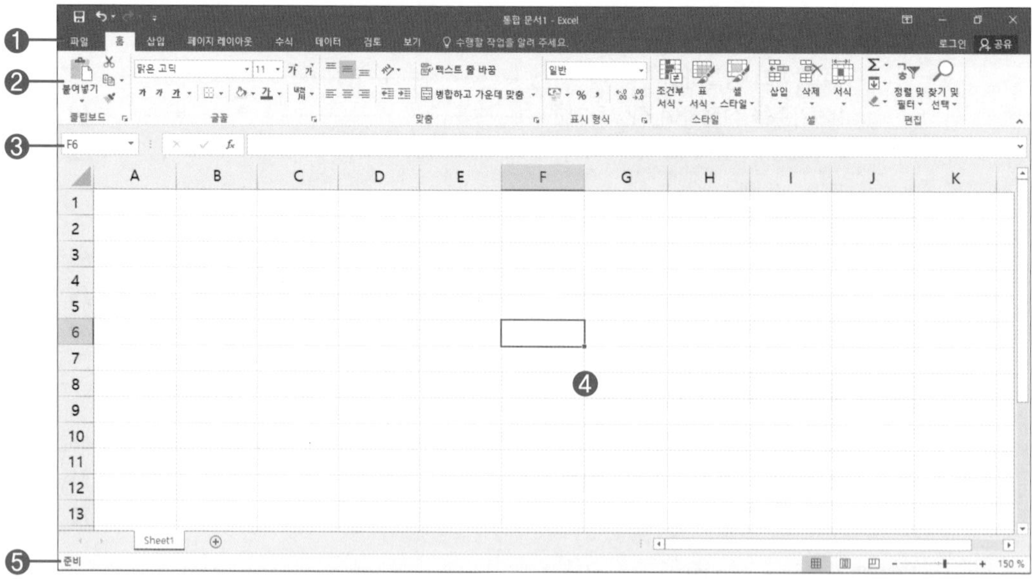

❶ **메뉴** : 시트를 편집하는 기능을 선택할 수 있어요. 탭을 누르면 여러 메뉴가 표시돼요.

❷ **리본 메뉴** : 메뉴 탭을 누르면 해당하는 기능을 아이콘 모양으로 표시해요.

❸ **수식 표시줄** : 셀의 위치나 데이터와 계산식을 입력할 수 있어요.

❹ **시트** : 글자와 숫자같은 데이터를 입력하고 다양한 방법으로 계산할 수 있어요.

❺ **상태 표시줄** : 시트 편집에 사용되는 정보를 표시하고 시트 크기를 조절할 수 있어요.

02 글자를 입력하고 고쳐보아요.

새로운 시트를 만들고 비어있는 시트에 글자를 입력하고 고치는 방법을 알아보아요.

[예제파일] 새로 만들기

1 엑셀 2016을 실행하면 비어있는 시트가 표시돼요. 그림과 같이 시트의 각 셀을 선택하고 글자를 입력해요.

2 다른 셀로 이동하려면 마우스로 클릭하거나 키보드 방향키를 이용해요.

	A	B	C	D	E	F	G
1							
2		반	이름	취미	동아리	체험학습	
3		1반	이예슬	피아노	기악부	식물원	
4		1반	김진희	바이올린	기악부	동물원	
5		2반	박용한	태권도	운동부	박물관	
6		3반	지영수	줄넘기	운동부		
7		3반	송찬민	종이접기	운동부		
8		4반	유영아	만들기	기악부		
9							

3 셀에 입력한 글자를 수정하기 위해 [C3] 셀을 선택하고 '정슬기'를 입력해요.

4 이전에 입력된 글자가 지워지고 새로 입력한 글자가 셀에 삽입되는 것을 확인할 수 있어요.

	A	B	C	D	E	F	G
1							
2		반	이름	취미	동아리	체험학습	
3		1반	정슬기	피아노	기악부	식물원	
4		1반	김진희	바이올린	기악부	동물원	
5		2반	박용한	태권도	운동부	박물관	
6		3반	지영수	줄넘기	운동부		
7		3반	송찬민	종이접기	운동부		
8		4반	유영아	만들기	기악부		
9							

5 글자의 일부분만 수정하기 위해 [C4] 셀을 마우스로 더블 클릭해요.

❻ 셀 안에 커서가 표시되면 필요 없는 글자를 삭제하고 그림과 같이 수정한 후 Enter를 눌러요.

	A	B	C	D	E	F	G
1							
2		반	이름	취미	동아리	체험학습	
3		1반	정슬기	피아노	기악부	식물원	
4		1반	김진영	바이올린	기악부	동물원	
5		2반	박용한	태권도	운동부	박물관	
6		3반	지영수	줄넘기	운동부		
7		3반	송찬민	종이접기	운동부		
8		4반	유영아	만들기	기악부		
9							

❼ 셀에 입력한 글자를 이동시키기 위해 [F3] 셀을 선택하고 셀 바깥 부분의 테두리를 드래그하여 [F6] 셀로 이동해요.

❽ 같은 방법을 이용하여 그림과 같이 글자를 이동시켜 완성해 보세요.

	A	B	C	D	E	F	G
1							
2		반	이름	취미	동아리	체험학습	
3		1반	정슬기	피아노	기악부	박물관	
4		1반	김진영	바이올린	기악부		
5		2반	박용한	태권도	운동부		
6		3반	지영수	줄넘기	운동부	식물원	
7		3반	송찬민	종이접기	운동부	동물원	
8		4반	유영아	만들기	기악부		
9							

03 스프레드시트 문서를 저장해요

편집이 끝난 문서는 컴퓨터에 저장해야 다시 사용할 수 있어요. 스프레드시트 문서를 저장하는 방법을 알아보아요.

1. 문서를 저장하기 위해 [파일] 탭-[다른 이름으로 저장]을 클릭해요. 저장할 위치를 선택할 수 있는 화면이 표시되면 [찾아보기]를 클릭해요.

2. [다른 이름으로 저장] 대화상자가 표시되면 [파일 이름]에 '친구소개'를 입력하고 [저장] 단추를 클릭해요.

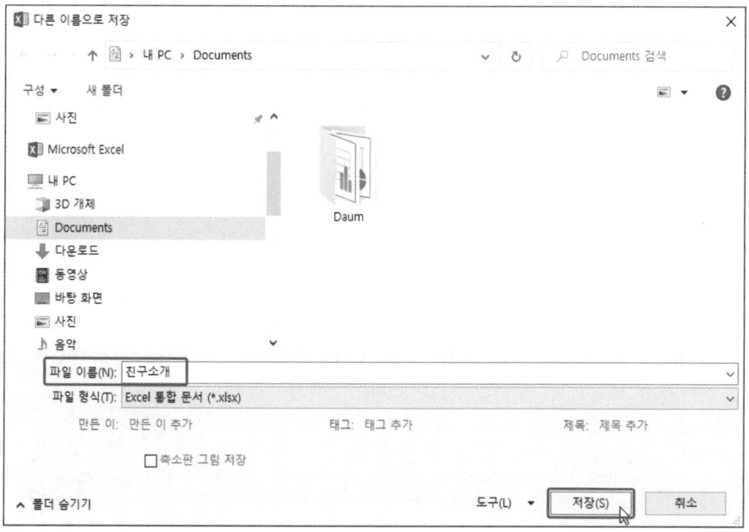

3. 문서가 저장되면 화면 가장 윗부분에 저장된 파일 이름이 표시돼요. 필요 없는 부분을 삭제하기 위해 그림과 같이 셀을 드래그하여 블록 설정한 후 Delete 를 눌러요.

4. 선택한 부분이 삭제되면 [파일] 탭-[저장]을 클릭해 파일을 다시 저장해 보세요.

	A	B	C	D	E	F	G
1							
2		반	이름	취미	동아리	체험학습	
3		1반	정슬기	피아노	기악부	박물관	
4		1반	김진영	바이올린			
5		2반	박용한	태권도			
6		3반	지영수	줄넘기	운동부	식물원	
7		3반	송찬민	종이접기	운동부	동물원	
8		4반	유영아	만들기	기악부		
9							

혼자서도 잘해요!

01 그림과 같이 시트에 데이터를 입력하고 '제철음식.xlsx' 파일로 저장해 보세요.

[예제파일] 새로 만들기

	A	B	C	D	E	F
1						
2		몸에 좋은 제철음식				
3						
4		봄	여름	가을	겨울	
5		달래	옥수수	사과	더덕	
6		우엉	블루베리	고구마	굴	
7		냉이	수박	유자	명태	
8		딸기	포도	배	가리비	
9		취나물	토마토	석류	과메기	
10						

02 파일을 불러온 후 그림과 같이 내용을 수정하고 '반편성결과.xlsx' 파일로 저장해 보세요.

[예제파일] 반편성.xlsx

	A	B	C	D	E	F	G
1							
2		새학기 반 편성					
3							
4			가반	나반	다반	라반	
5		1학년	1반	4반	3반	2반	
6		2학년	2반	1반	3반	4반	
7		3학년	3반	4반	2반	1반	
8		4학년	1반	4반	3반	2반	
9		5학년	4반	2반	1반	3반	
10		6학년	2반	1반	4반	3반	
11							

02강 한자와 기호 입력하기

이렇게 배워요!

- 셀에 한자를 입력하는 방법을 알아보아요.
- 셀에 기호를 입력하는 방법을 알아보아요.

01 한자를 입력해요

셀에 한자를 입력하려면 어떻게 해야 하는지 알아보아요.

[예제파일] 새로 만들기

1 시트의 비어있는 셀에 그림과 같이 글자를 입력해요.

	A	B	C	D	E	F
1						
2	이번주 시간표					
3						
4		월요일	화요일	수요일	목요일	금요일
5	1교시	음악	영어	수학	영어	창체
6	2교시	수학	체육	국어	영어	수학
7	3교시	도덕	체육	국어	국어	과학
8	4교시	미술	사회	음악	수학	사회
9	5교시	미술	창체		과학	
10						

2 입력한 글자를 한자로 바꾸기 위해 [A2] 셀을 더블 클릭해요. 셀이 편집 상태로 바뀌면 한자로 바꾸려는 글자를 드래그하여 블록을 설정한 후 [한자]를 눌러요.

3 [한글/한자 변환] 대화상자가 표시되면 [한자 선택]에서 바꾸려는 한자를 선택하고 [변환] 단추를 클릭해요.

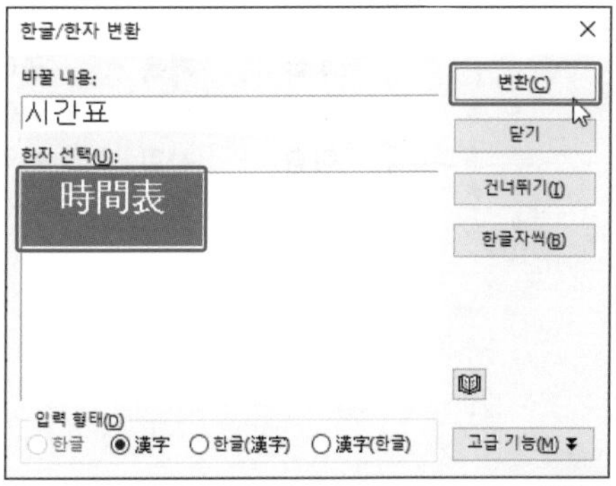

4 같은 방법을 이용하여 나머지 부분도 그림과 같이 한자로 바꿔 보세요.

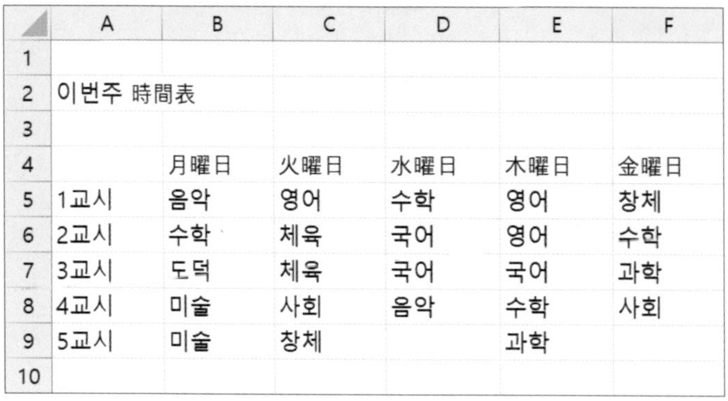

	A	B	C	D	E	F
1						
2	이번주 時間表					
3						
4		月曜日	火曜日	水曜日	木曜日	金曜日
5	1교시	음악	영어	수학	영어	창체
6	2교시	수학	체육	국어	영어	수학
7	3교시	도덕	체육	국어	국어	과학
8	4교시	미술	사회	음악	수학	사회
9	5교시	미술	창체		과학	
10						

02 기호를 입력해요.

셀에 기호를 입력하려면 어떻게 해야 하는지 알아보아요.

1 기호를 입력하기 위해 [A2] 셀을 더블 클릭해요. 커서가 표시되면 글자의 가장 앞부분으로 이동해요.

2 'ㅁ'을 입력하고 [한자]를 눌러요. 입력한 모음 'ㅁ'에 해당하는 기호 목록이 표시되면 '★'을 선택해요.

	A	B	C	D	E	F
1						
2	ㅁ이번주 時間表					
3						
4		月曜日	火曜日	水曜日	木曜日	金曜日
5		음악	영어	수학	영어	창체
6		수학	체육	국어	영어	수학
7		도덕	체육	국어	국어	과학
8		미술	사회	음악	수학	사회
9		미술	창체		과학	
10						

3 선택한 기호가 글자의 앞부분에 입력된 것을 확인할 수 있어요. 같은 방법을 이용하여 뒷부분에 그림과 같은 기호를 입력해 보세요.

	A	B	C	D	E	F
1						
2	★이번주 時間表♣					
3						
4		月曜日	火曜日	水曜日	木曜日	金曜日
5	1교시	음악	영어	수학	영어	창체
6	2교시	수학	체육	국어	영어	수학
7	3교시	도덕	체육	국어	국어	과학
8	4교시	미술	사회	음악	수학	사회
9	5교시	미술	창체		과학	
10						

4 메뉴를 이용하여 기호를 입력하기 위해 [A5] 셀을 더블 클릭하고 커서를 글자의 가장 앞부분으로 이동해요.

5 [삽입] 탭–[기호] 그룹에서 [기호]를 클릭해요. [기호] 대화상자가 표시되면 '♥' 기호를 선택하고 [삽입] 단추를 클릭해요.

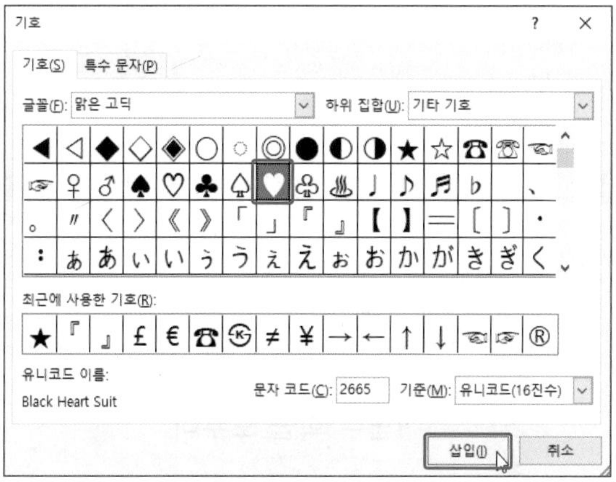

6 선택한 기호가 입력된 것을 확인할 수 있어요. 같은 방법을 이용하여 그림과 같이 기호를 삽입해 완성해 보세요.

	A	B	C	D	E	F
1						
2	★이번주 時間表♣					
3						
4		月曜日	火曜日	水曜日	木曜日	金曜日
5	♥1교시	음악	영어	수학	영어	창체
6	◆2교시	수학	체육	국어	영어	수학
7	◎3교시	도덕	체육	국어	국어	과학
8	♬4교시	미술	사회	음악	수학	사회
9	♤5교시	미술	창체		과학	
10						

혼자서도 잘해요!

01 파일을 불러온 후 그림과 같이 한자를 입력해 보세요.

[예제파일] 사자성어.xlsx

	A	B	C	D	E
1					
2		재미있는 사자성어			
3					
4		오비이락(烏飛梨落)	여러 가지 일이 꼬인다는 말.		
5		관포지교(管鮑之交)	친구 사이가 다정함을 이르는 말.		
6		대기만성(大器晩成)	크게 될 인물은 늦게 이루어 진다는 말.		
7		형설지공(螢雪之功)	고생 속에서 공부하며 이루어 낸다는 말.		
8		과유불급(過猶不及)	모든 일이 정도를 지나치면 안된다는 말.		
9		유비무환(有備無患)	미리 준비가 되어 있으면 근심이 없다는 말.		
10					

02 파일을 불러온 후 그림과 같이 기호를 입력해 보세요.

[예제파일] 학급도우미.xlsx

	A	B	C	D	E	F	G
1							
2		이번주 학급 도우미					
3							
4		교실정리	★	도서정리	♥	지킴이	◈
5							
6			월요일	화요일	수요일	목요일	금요일
7		1모둠	★	♥	◈		
8		2모둠		◈		♥	★
9		3모둠	◈	★			♥
10		4모둠			♥	★	◈
11		5모둠	♥		★	◈	
12							

03강 자동으로 내용 채우기

이렇게 배워요!

- 반복되는 데이터를 자동으로 입력하는 방법을 알아보아요.
- 연속되는 데이터를 입력하는 방법을 알아보아요.

01 반복 데이터 채우기

자동 채우기를 이용하여 같은 데이터를 반복하여 입력하는 방법을 알아보아요.

[예제파일] 셀채우기.xlsx

❶ 파일을 불러온 후 '자동 채우기' 시트의 [B5] 셀을 선택하고 셀 오른쪽 아래에 표시된 채우기 핸들을 [B10] 셀까지 드래그해요.

	A	B	C	D	E	F	G
1							
2	학년별 체험학습 장소 안내						
3							
4		1학년	2학년	3학년	4학년	5학년	6학년
5	1반	아쿠아리움	박물관	갯벌체험	문화마을	과학체험	
6	2반						
7	3반						
8	4반						
9	5반		아쿠아리움				
10	6반						
11							

❷ 그림과 같이 [B5] 셀에 입력된 데이터가 [B10] 셀까지 똑같이 채워진 것을 확인할 수 있어요.

❸ 같은 방법을 이용하여 나머지 셀에도 자동 채우기를 이용하여 그림과 같이 데이터를 입력해요.

	A	B	C	D	E	F	G
1							
2	학년별 체험학습 장소 안내						
3							
4		1학년	2학년	3학년	4학년	5학년	6학년
5	1반	아쿠아리움	박물관	갯벌체험	문화마을	과학체험	
6	2반	아쿠아리움	박물관	갯벌체험	문화마을	과학체험	
7	3반	아쿠아리움	박물관	갯벌체험	문화마을	과학체험	
8	4반	아쿠아리움	박물관	갯벌체험	문화마을	과학체험	
9	5반	아쿠아리움	박물관	갯벌체험	문화마을	과학체험	
10	6반	아쿠아리움	박물관	갯벌체험	문화마을	과학체험	
11							

④ 여러 셀에 같은 내용을 입력하기 위해 [G5] 셀부터 [G10] 셀까지 드래그하여 블록 설정해요.

⑤ '직업탐구'를 입력한 후 Ctrl+Enter를 눌러요. 선택한 셀에 동일한 데이터가 입력되는 것을 확인할 수 있어요.

	A	B	C	D	E	F	G
1							
2	학년별 체험학습 장소 안내						
3							
4		1학년	2학년	3학년	4학년	5학년	6학년
5	1반	아쿠아리움	박물관	갯벌체험	문화마을	과학체험	직업탐구
6	2반	아쿠아리움	박물관	갯벌체험	문화마을	과학체험	
7	3반	아쿠아리움	박물관	갯벌체험	문화마을	과학체험	
8	4반	아쿠아리움	박물관	갯벌체험	문화마을	과학체험	
9	5반	아쿠아리움	박물관	갯벌체험	문화마을	과학체험	
10	6반	아쿠아리움	박물관	갯벌체험	문화마을	과학체험	
11							

02 연속 데이터 채우기

자동 채우기를 이용하여 숫자만 바뀌는 연속 데이터를 입력하는 방법을 알아보아요

① '연속 채우기' 시트의 [A5] 셀을 선택하고 셀 오른쪽 아래에 표시된 채우기 핸들을 [A10] 셀까지 드래그해요.

② 그림과 같이 자동으로 날짜가 하루씩 늘어가면서 데이터가 입력된 것을 확인할 수 있어요.

	A	B	C	D	E	F	G	H
1								
2	반별 체험학습 일정표							
3								
4	일자	반	1학년					
5	6월 3일	1반	박물관	천문대	목장체험	야구장	뮤지컬	직업탐구
6	6월 4일		과학관	생태체험	경복궁	동물원	미술관	문화마을
7	6월 5일							
8	6월 6일							
9	6월 7일							
10	6월 8일							
11								

③ [C4] 셀을 선택하고 채우기 핸들을 드래그하여 [H4] 셀까지 드래그해요.

④ 그림과 같이 숫자만 하나씩 증가하고 문자는 그대로 남은 채 데이터가 입력된 것을 확인할 수 있어요.

	A	B	C	D	E	F	G	H
1								
2	반별 체험학습 일정표							
3								
4	일자	반	1학년	2학년	3학년	4학년	5학년	6학년
5	6월 3일	1반	박물관	천문대	목장체험	야구장	뮤지컬	직업탐구
6	6월 4일		과학관	생태체험	경복궁	동물원	미술관	문화마을
7	6월 5일							
8	6월 6일							
9	6월 7일							
10	6월 8일							
11								

⑤ [C5:C6] 셀을 드래그하여 블록 설정하고 채우기 핸들을 [C10] 셀까지 드래그해요.

⑥ 두 셀에 입력된 내용이 반복되면서 자동으로 채워지는 것을 확인할 수 있어요.

	A	B	C	D	E	F	G	H
1								
2	반별 체험학습 일정표							
3								
4	일자	반	1학년	2학년	3학년	4학년	5학년	6학년
5	6월 3일	1반	박물관	천문대	목장체험	야구장	뮤지컬	직업탐구
6	6월 4일		과학관	생태체험	경복궁	동물원	미술관	문화마을
7	6월 5일		박물관					
8	6월 6일		과학관					
9	6월 7일		박물관					
10	6월 8일		과학관					
11								

⑦ 같은 방법을 이용하여 나머지 셀도 그림과 같이 자동 채우기를 이용하여 완성해 보세요.

	A	B	C	D	E	F	G	H
1								
2	반별 체험학습 일정표							
3								
4	일자	반	1학년	2학년	3학년	4학년	5학년	6학년
5	6월 3일	1반	박물관	천문대	목장체험	야구장	뮤지컬	직업탐구
6	6월 4일	2반	과학관	생태체험	경복궁	동물원	미술관	문화마을
7	6월 5일	3반	박물관	천문대	목장체험	야구장	뮤지컬	직업탐구
8	6월 6일	4반	과학관	생태체험	경복궁	동물원	미술관	문화마을
9	6월 7일	5반	박물관	천문대	목장체험	야구장	뮤지컬	직업탐구
10	6월 8일	6반	과학관	생태체험	경복궁	동물원	미술관	문화마을
11								

혼자서도 잘해요!

01 파일을 불러온 후 자동 채우기로 시간표를 완성해 보세요. 떨어져 있는 셀은 Ctrl 을 눌러 선택해 입력하세요.

[예제파일] 특강시간표.xlsx

	A	B	C	D	E	F	G
1							
2		초등학생을 위한 특별 강의 시간표					
3							
4		학년	월요일	화요일	수요일	목요일	금요일
5		1학년	도예체험	종이공예	제과제빵	과학실험	드론체험
6		2학년	종이공예	도예체험	에어로켓	종이공예	제과제빵
7		3학년	제과제빵	드론체험	종이공예	드론체험	에어로켓
8		4학년	드론체험	과학실험	도예체험	제과제빵	과학실험
9		5학년	과학실험	제과제빵	과학실험	도예체험	종이공예
10		6학년	에어로켓	에어로켓	드론체험	에어로켓	도예체험
11							

02 파일을 불러온 후 자동 채우기를 이용하여 그림과 같이 달력을 완성해 보세요.

[예제파일] 달력만들기.xlsx

	A	B	C	D	E	F	G	H
1								
2		4월(APRIL) 달력						
3								
4		일요일	월요일	화요일	수요일	목요일	금요일	토요일
5				1	2	3	4	5
6		6	7	8	9	10	11	12
7		13	14	15	16	17	18	19
8		20	21	22	23	24	25	26
9		27	28	29	30	31		
10								

04강 행과 열 설정하기

이렇게 배워요!

- 행과 열의 크기를 조절하는 방법을 알아보아요.
- 행과 열을 삽입하고 삭제하는 방법을 알아보아요.

01 행과 열 크기 조절하기

시트 문서를 구성하는 셀의 크기를 행과 열을 이용하여 조절하는 방법을 알아보아요.

[예제파일] 현장체험.xlsx

❶ 파일을 불러온 후 열의 너비를 조절하기 위해 [B]열 머리글의 오른쪽 경계선을 더블 클릭해요.

❷ 셀에 입력된 데이터 길이에 맞게 열의 너비가 자동으로 줄어든 것을 확인할 수 있어요. 나머지 부분도 같은 방법을 이용하여 열 너비를 조절해요.

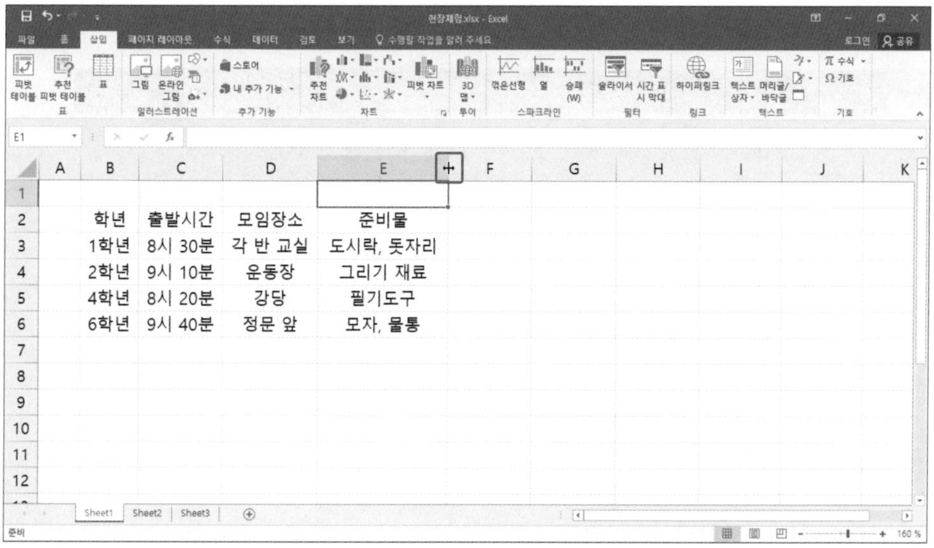

❸ 행의 높이를 조절하기 위해 [2]행 머리글의 아래쪽 경계선을 아래로 드래그해요.

④ 행의 높이가 바뀌는 것을 확인할 수 있어요. 같은 방법을 이용하여 그림과 같은 모양이 되도록 행의 높이를 조절해요.

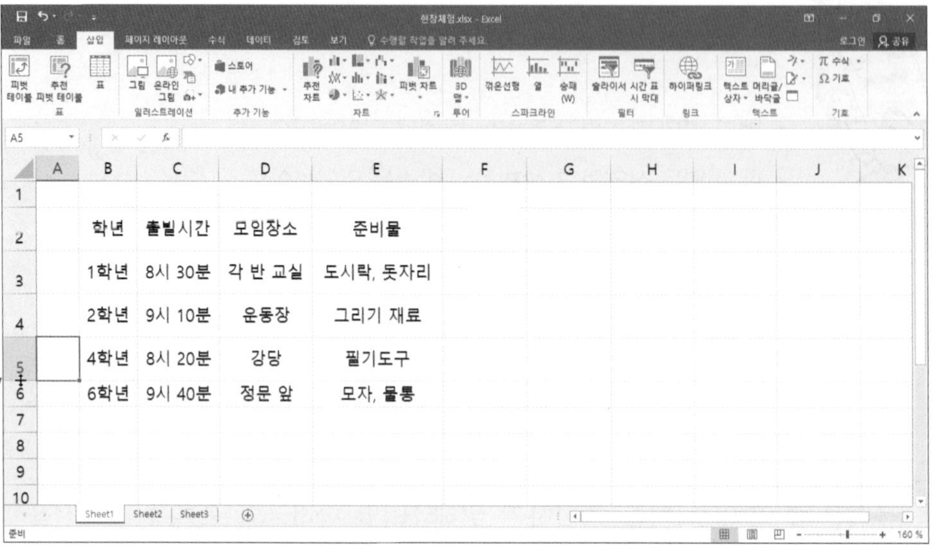

⑤ 모든 행의 높이를 똑같이 만들기 위해 [2]행 머리글부터 [6]행 머리글을 드래그하여 선택해요.

⑥ 행 머리글 위에서 마우스 오른쪽 버튼을 클릭하고 [행 높이]를 선택해요.

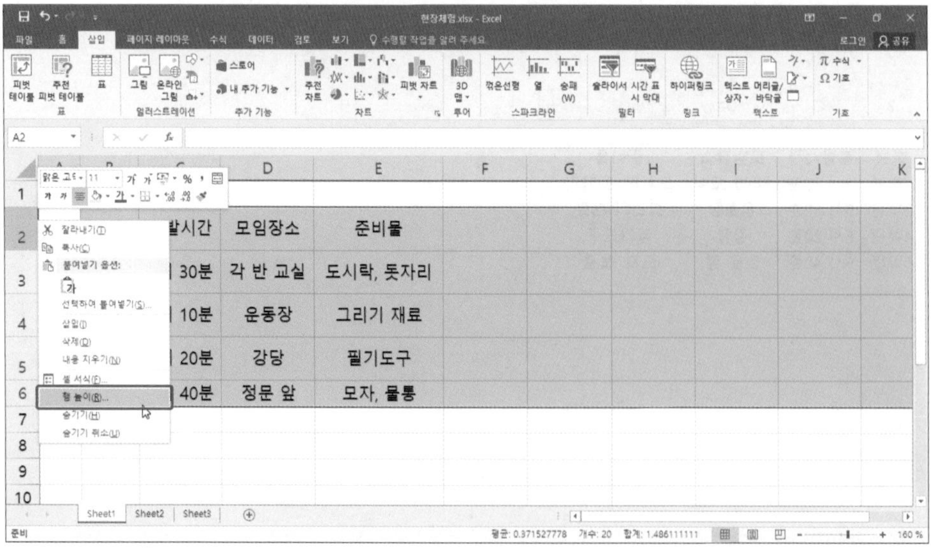

7 [행 높이] 대화상자가 표시되면 [행 높이]에 '26'을 입력하고 [확인] 단추를 클릭해요.

8 선택한 모든 행의 높이가 똑같이 조절된 것을 확인할 수 있어요.

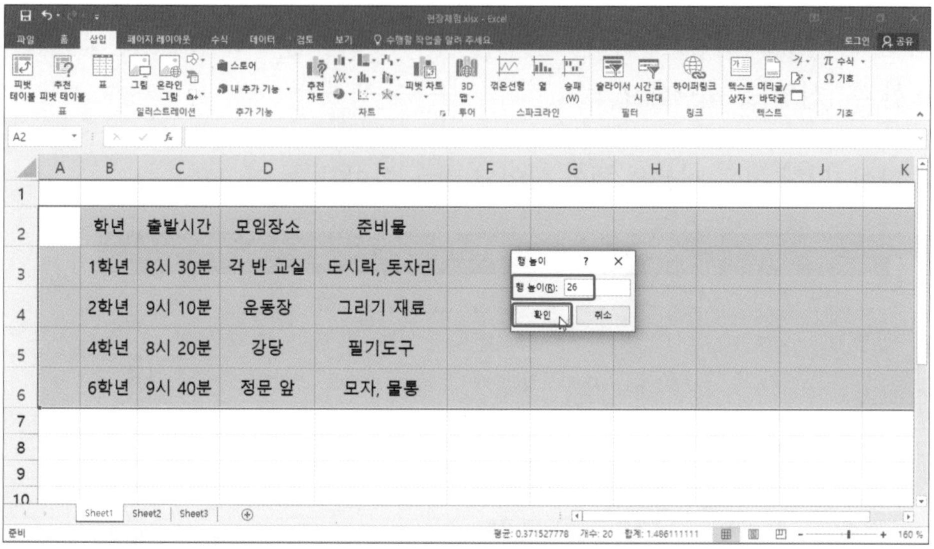

9 같은 방법을 이용하여 열의 너비를 조절하기 위해 [B]열 머리글부터 [E]열 머리글을 드래그하여 선택해요.

10 열 머리글 위에서 마우스 오른쪽 버튼을 클릭하고 [열 너비]를 선택해요. [열 너비] 대화상자의 [열 너비]에 '12'를 입력하고 [확인] 단추를 클릭하면 모든 열의 너비가 똑같이 바뀐 것을 확인할 수 있어요.

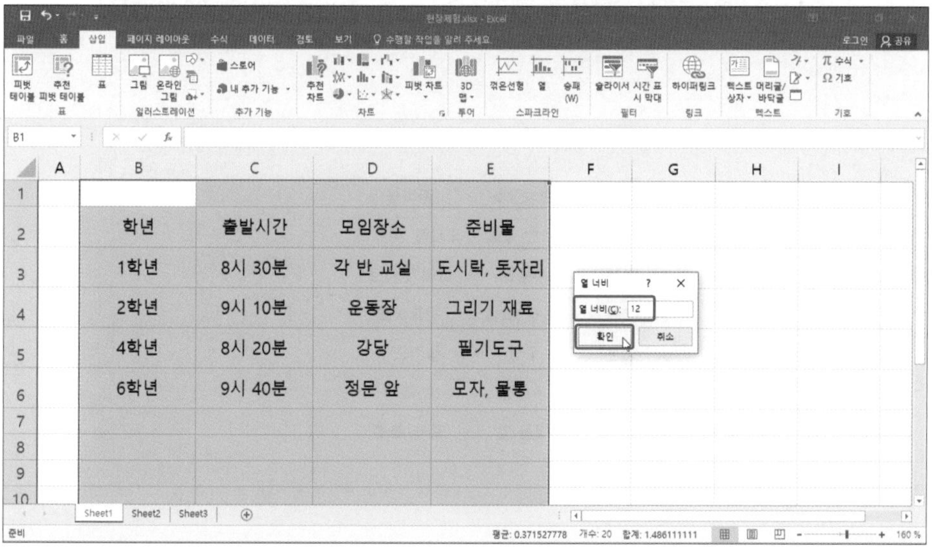

02 행과 열 삽입하기

새로운 행과 열을 삽입하고 데이터를 입력하는 방법을 알아보아요.

1. 행을 삽입하기 위해 [5]행 머리글을 클릭하여 행 전체를 선택하고 마우스 오른쪽 버튼을 클릭한 후 [삽입]을 선택해요.

2. 그림과 같이 [5]행 위에 새로운 행이 삽입된 것을 확인할 수 있어요.

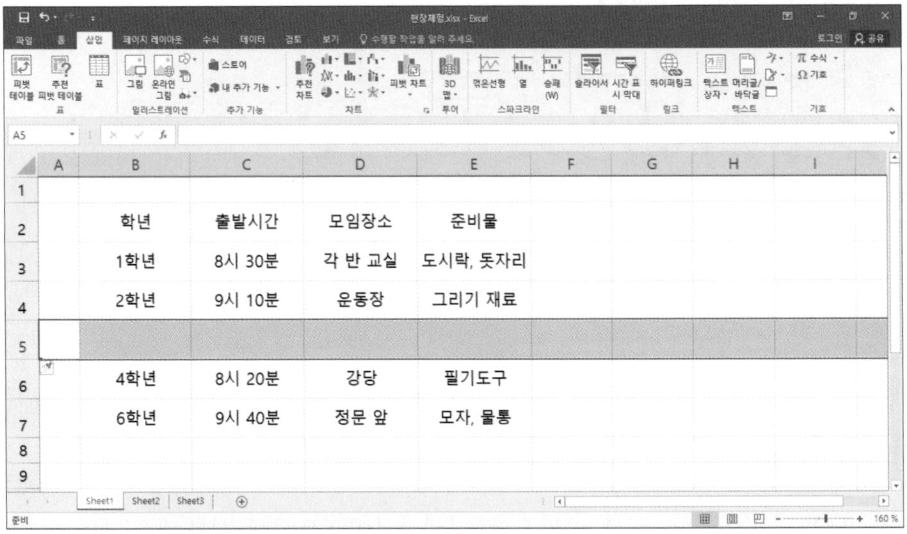

3. 같은 방법을 이용하여 행과 열을 추가하고 그림과 같이 데이터를 입력하여 완성해 보세요.

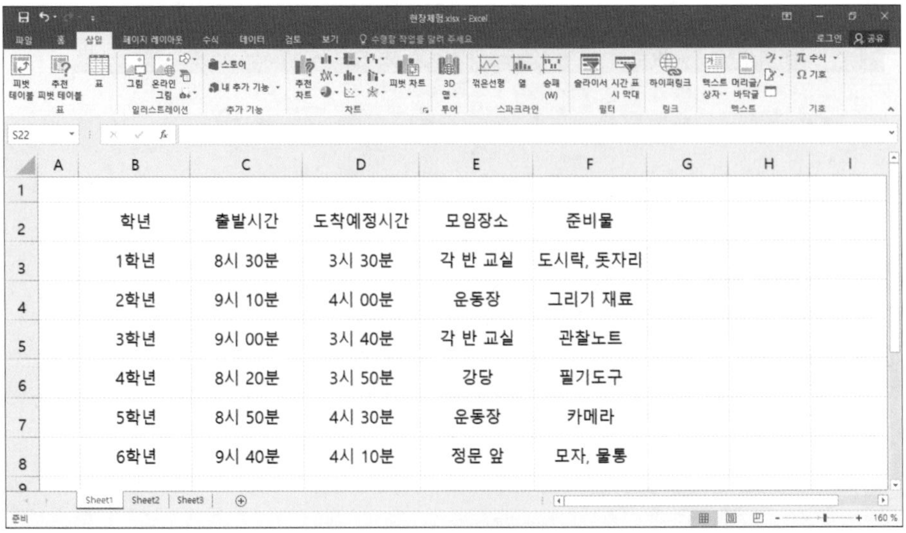

혼자서도 잘해요!

01 파일을 불러온 후 그림과 같은 모양이 되도록 행과 열을 조절해 보세요.

[예제파일] 미술대회.xlsx

	A	B	C	D	E	F	G
1							
2		교내 미술대회 수상자					
3							
4		학년	반	번호	이름	수상	부상
5		1	1	12	정아름	동상	상장
6		1	2	10	박기준	동상	상장
7		2	2	8	양소라	은상	미술도구 세트
8		3	1	3	이영준	금상	미술도구 세트
9		2	3	20	조수아	은상	미술도구 세트
10		4	2	15	천주민	대상	미술도구 세트
11		5	1	13	장영호	동상	상장
12							

02 파일을 불러온 후 행과 열을 추가하고 그림과 같이 데이터를 입력하여 완성해 보세요.

[예제파일] 체험평가.xlsx

	A	B	C	D	E	F
1						
2		*조별 현장체험 평가*				
3						
4			현장체험	사진촬영	학습 보고서	조별 과제
5		1조	10	15	20	20
6		2조	10	10	15	20
7		3조	10	15	20	15
8		4조	10	10	15	20
9		5조	10	10	15	20
10		6조	10	20	20	15
11		7조	10	15	15	15
12						

05강 글꼴 서식 지정하기

이렇게 배워요!

- 글꼴 서식을 지정하는 방법을 알아보아요.
- 서식을 복사하는 방법을 알아보아요.

01 글꼴 서식 지정하기

글꼴의 모양을 지정하는 다양한 방법을 알아보아요.

[예제파일] 체험학습.xlsx

1. 파일을 불러온 후 글꼴 서식을 지정하기 위해 [B2] 셀을 선택하고 [홈] 탭-[글꼴] 그룹에서 [글꼴]은 '맑은 고딕', [글꼴 크기]는 '16pt', '굵게', '기울임꼴'을 선택해요.

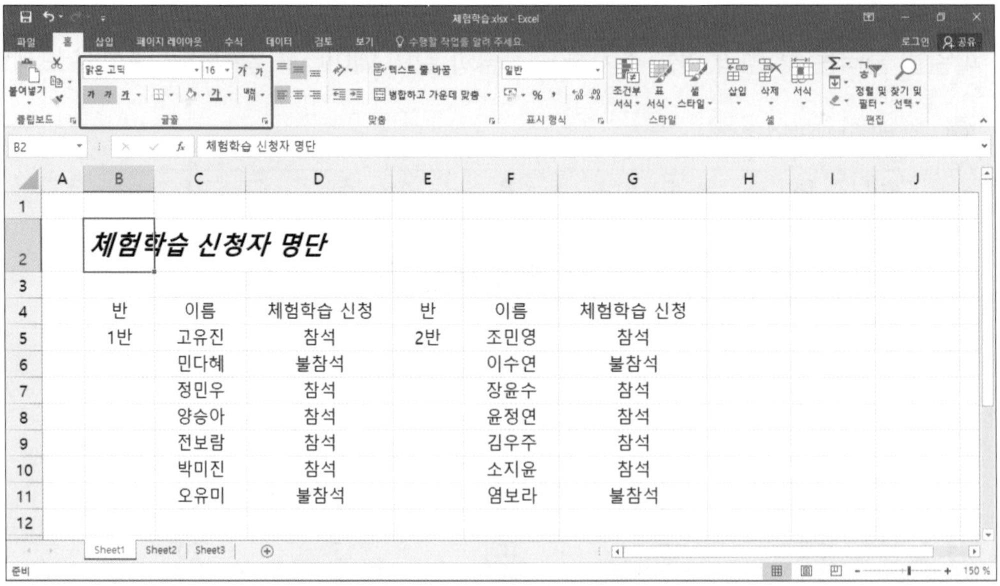

❷ [B4] 셀을 선택하고 마우스 오른쪽 버튼을 클릭해요. 글꼴 서식을 선택할 수 있는 메뉴가 표시되면 [글꼴]은 '맑은 고딕', [글꼴 크기]는 '12pt', [글꼴 색]은 '진한 빨강'을 선택해요.

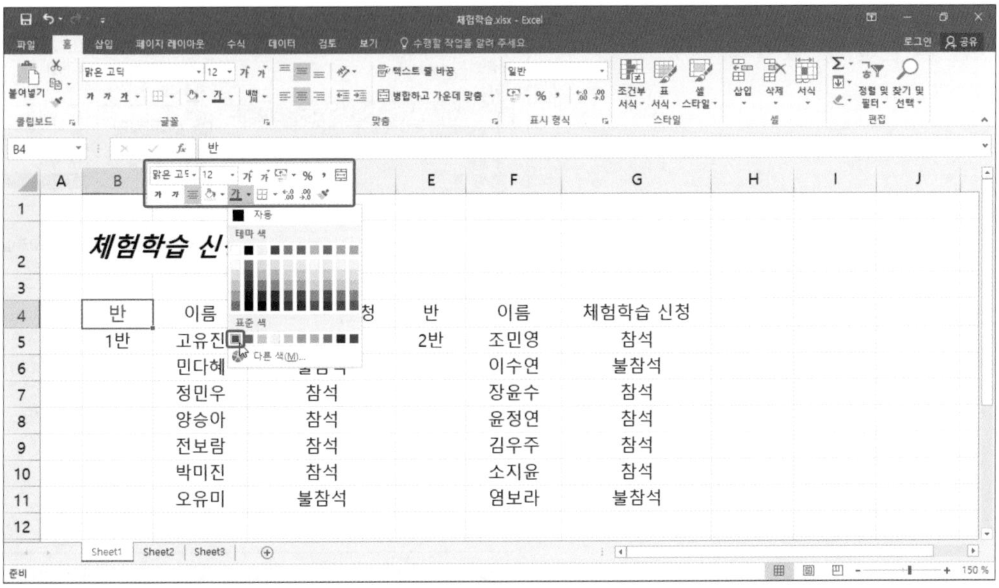

❸ [C5:D11] 셀을 블록 설정하고 마우스 오른쪽 버튼을 클릭한 후 [셀 서식]을 선택해요.

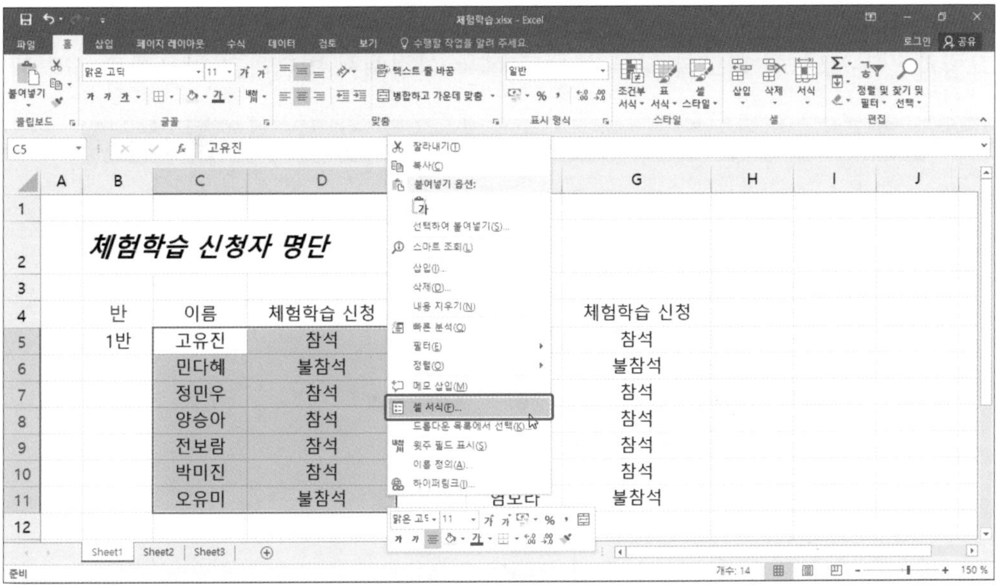

4 [셀 서식] 대화상자가 표시되면 [글꼴] 탭에서 [글꼴]은 '굴림', [글꼴 스타일]은 '기울임꼴', [색]은 '진한 파랑'을 선택하고 [확인] 단추를 클릭해요.

5 선택한 글꼴 서식이 셀에 지정된 것을 확인할 수 있어요.

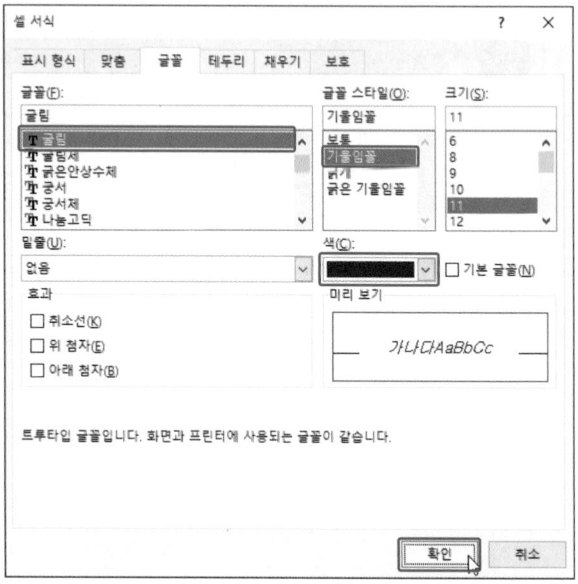

6 [B2:G2] 셀을 블록 설정하고 [홈] 탭-[맞춤] 그룹의 [병합하고 가운데 맞춤]을 선택해요. 선택된 셀들이 하나의 셀로 병합돼요.

7 그림과 같은 모양이 되도록 다른 셀들도 블록 설정해서 병합하고 가운데로 정렬해요.

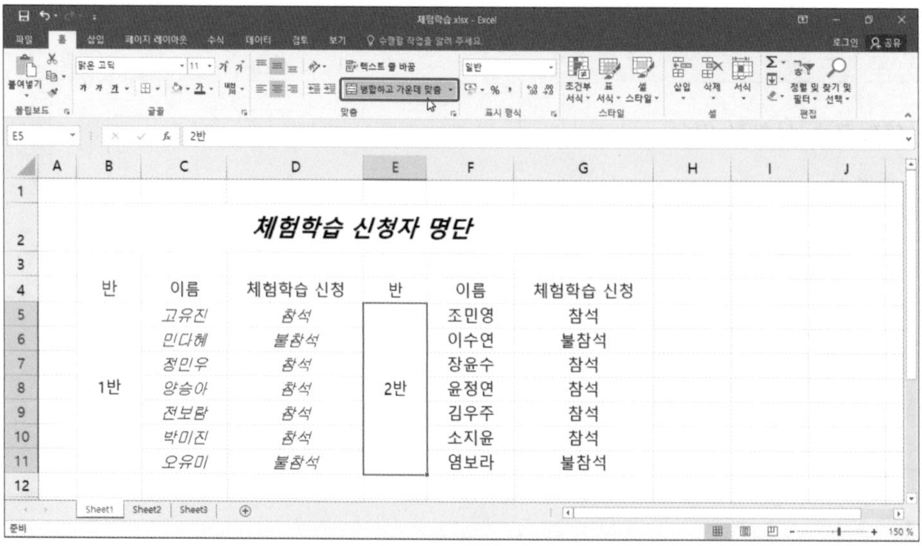

02 글꼴 서식 복사하기

서식 복사 기능을 이용하면 빠르게 같은 서식을 지정할 수 있어요.

❶ 글꼴 서식을 복사하기 위해 [B4] 셀을 선택하고 [홈] 탭-[클립보드] 그룹의 [서식 복사]를 클릭해요.

❷ 마우스 포인터 모양이 바뀌면 [C4:G4] 셀을 드래그해요. [B4] 셀의 모든 서식이 다른 셀에 적용된 것을 확인할 수 있어요.

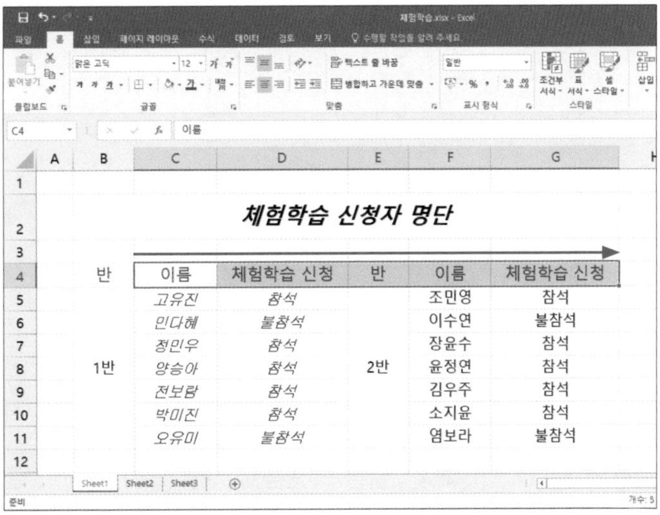

❸ 여러 셀에 적용된 서식을 복사하기 위해 [B5:D11] 셀을 블록 설정한 후 [홈] 탭-[클립보드] 그룹의 [서식 복사]를 클릭해요.

❹ 마우스 포인터 모양이 바뀌면 [E5:G11] 셀을 드래그해요. 선택한 부분에 적용되어 있는 셀 서식들이 복사된 것을 확인할 수 있어요.

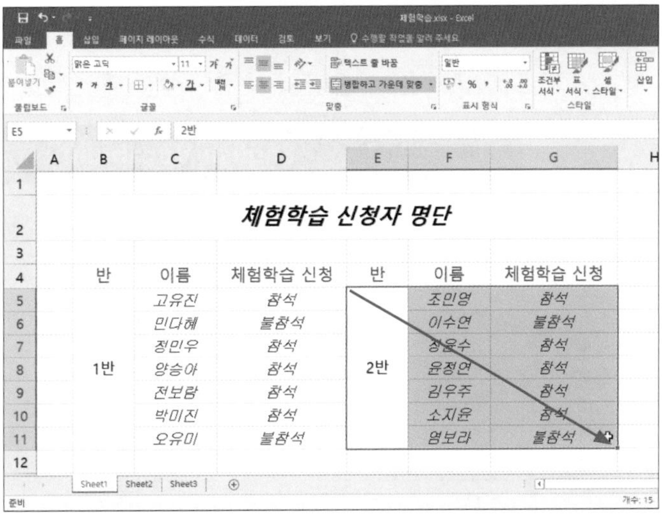

혼자서도 잘해요!

01 파일을 불러온 후 조건에 맞게 글꼴 서식을 지정해 보세요.

[예제파일] 상품판매.xlsx

	A	B	C	D	E	F
1						
2		동네방네 바자회 상품 판매 현황				
3						
4		상품명	분류	총개수	판매개수	남은개수
5		과일로 만든 사탕	식품	40	32	8
6		초코렛 듬뿍 쿠키	식품	65	48	17
7		캐릭터 연필세트	문구	20	18	2
8		반짝반짝 풀그림 세트	문구	50	32	18
9		유기농 차 선물세트	식품	15	10	5
10		DIY 팔찌 키트	잡화	20	16	4
11		함께해요 로고 티셔츠	잡화	12	8	4
12		친환경 허브 비누	잡화	35	20	15
13						

조건

- [B2:F2] : 글꼴 – '궁서체', 글꼴 크기 – '16pt', 글꼴 색 – '자주', 글꼴 스타일 – '굵게', '기울임꼴'
- [B4:F4] : 글꼴 – '돋움체', 글꼴 크기 – '11pt', 글꼴 색 – '파랑', 글꼴 스타일 – '굵게'
- [B5:F12] : 글꼴 – '굴림체', 글꼴 크기 – '10pt', 글꼴 색 – 그림을 보고 선택하세요.

02 파일을 불러온 후 서식 복사 기능을 이용하여 그림과 같이 완성해 보세요.

[예제파일] 영어단어장.xlsx

	A	B	C	D	E	F	G
1							
2		English Vocabulary					
3							
4		Word	Meaning	Word	Meaning	Word	Meaning
5		CHANCE	기회	DRESS	원피스	RAIN	비
6		HURRY	서두르다	SHIRT	남방	ICE	얼음
7		KNOCK	두드리다	PANTS	바지	THUNDER	천둥
8		LISTEN	듣다	SOCCER	축구	CHILD	어린이
9		LEG	다리	WINDOW	창문	BABY	아기
10		GRASS	풀	CLOCK	시계	TREE	나무
11		BLACK	검정	HOT	더운	SNOW	눈
12							

06강 테두리와 채우기 지정하기

이렇게 배워요!

- 셀에 테두리를 지정하는 방법을 알아보아요.
- 셀에 채우기를 지정하는 방법을 알아보아요.

01 셀 테두리 지정하기

셀의 데이터를 구분하기 쉽게 테두리를 지정하는 방법을 알아보아요.

[예제파일] 선수명단.xlsx

❶ 파일을 불러온 후 [B2:G9] 셀을 블록 설정한 후 테두리를 지정하기 위해 [홈] 탭-[글꼴] 그룹-[테두리]의 화살표를 클릭해요.

❷ 테두리 목록이 표시되면 '모든 테두리'를 선택해요. 선택한 부분의 모든 셀에 테두리가 설정돼요.

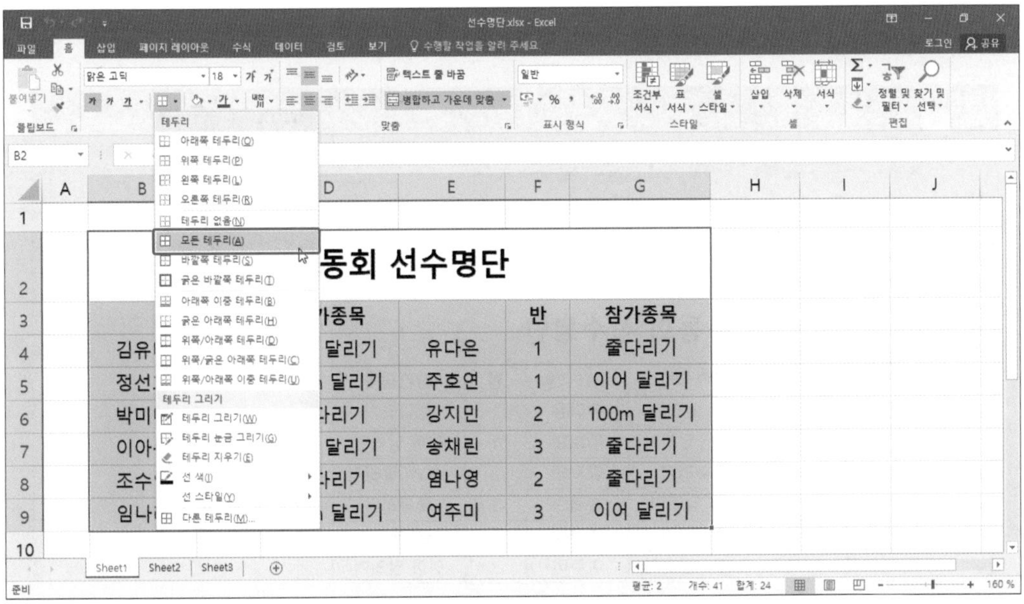

③ 제목과 내용을 분리하는 테두리를 지정하기 위해 [B2:G2] 셀을 블록 설정한 후 [홈] 탭-[글꼴] 그룹의 [테두리]에서 '아래쪽 이중 테두리'를 선택해요.

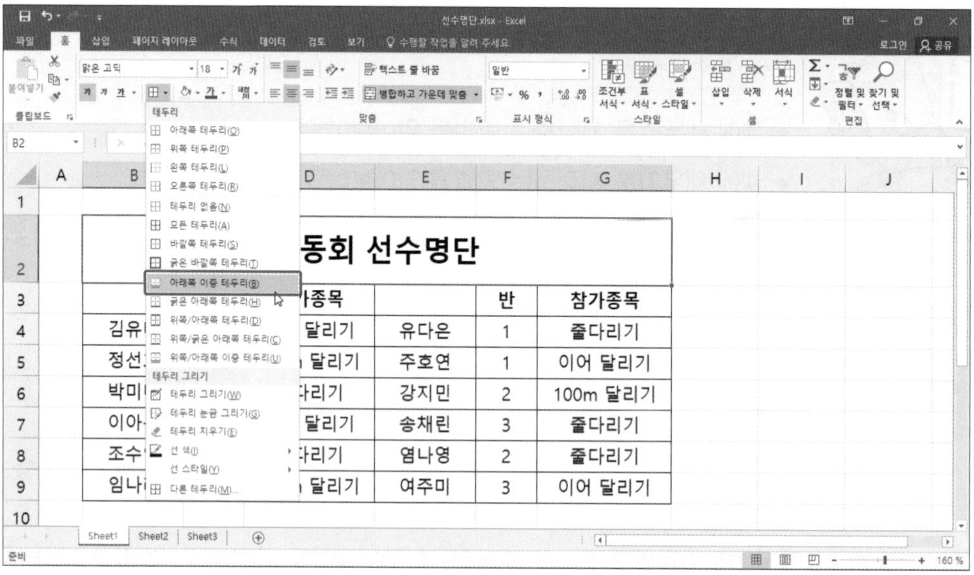

④ 셀에 대각선을 지정하기 위해 [홈] 탭-[글꼴] 그룹의 [테두리]에서 '테두리 그리기'를 선택해요.

⑤ 마우스 포인터 모양이 펜으로 바뀌면 [B3]과 [E3] 셀 위에 드래그하여 그림과 같이 대각선을 삽입해요.

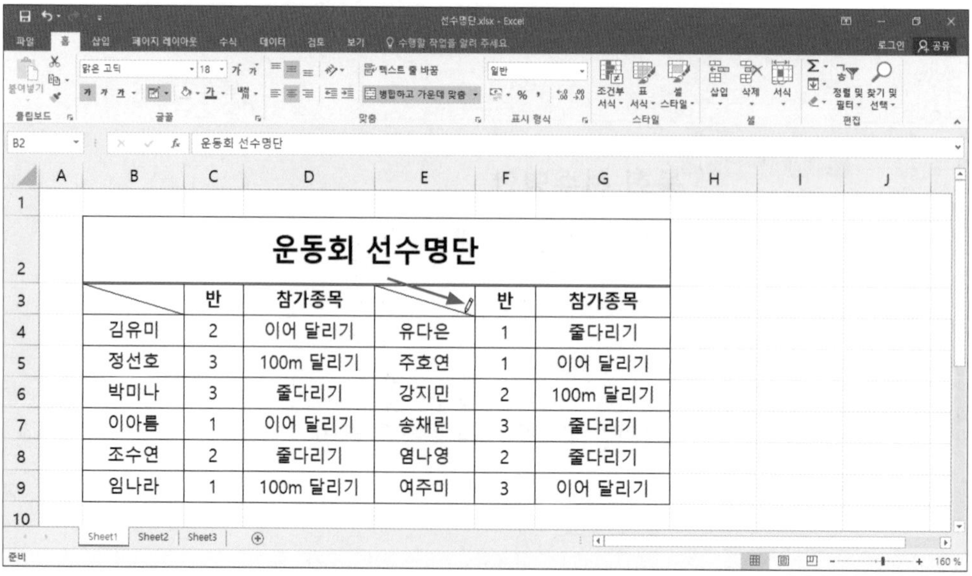

02 셀 채우기 지정하기

셀에 색을 채워 강조하거나 구분하기 쉽게 만드는 방법을 알아보아요.

1. 셀에 색을 채우기 위해 [B2:G2] 셀을 블록 설정하고 [홈] 탭-[글꼴] 그룹-[채우기 색]의 화살표를 클릭해요.

2. 색 목록이 표시되면 [테마 색]의 '황록색, 강조 3'을 선택해요. 선택한 셀에 색이 채워진 것을 확인할 수 있어요.

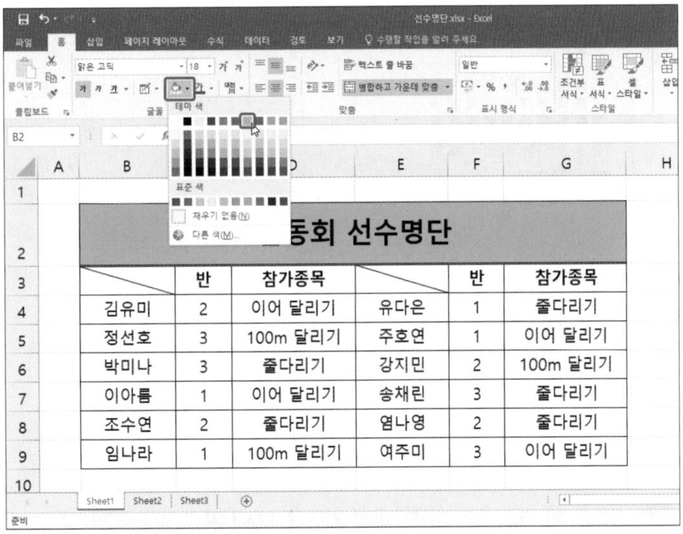

3. 같은 방법을 이용하여 [B3:D3] 셀에는 '자주, 강조 4, 60% 더 밝게', [E3:G3] 셀에는 '빨강, 강조 2, 60% 더 밝게'를 선택해서 색을 채워요.

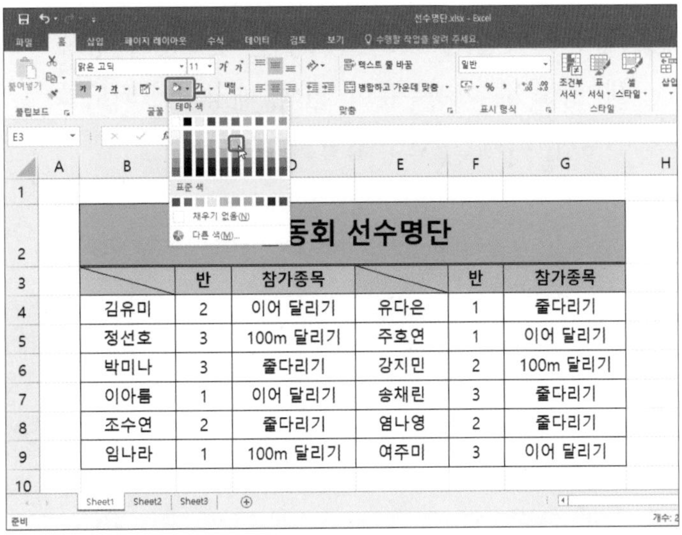

4 채우기에 그라데이션 효과를 설정하기 위해 [B2:G2] 셀을 블록 설정하고 마우스 오른쪽 버튼을 클릭하여 표시되는 메뉴에서 [셀 서식]을 선택해요.

5 [셀 서식] 대화상자가 표시되면 [채우기] 탭의 [채우기 효과] 단추를 클릭해요.

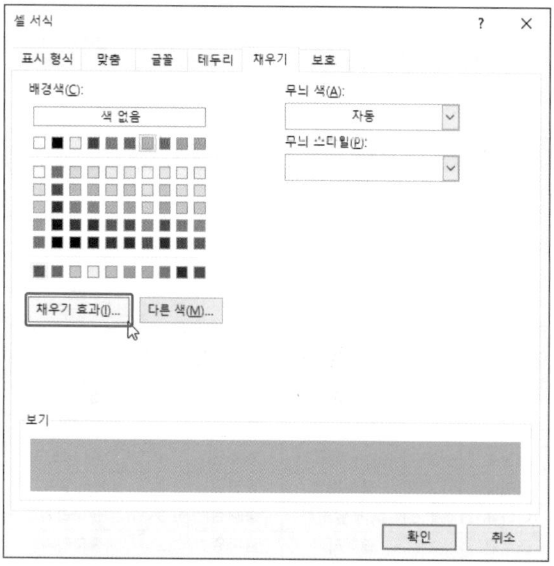

6 [채우기 효과] 대화상자가 표시되면 [색]에서 '두 가지 색'을 선택하고 [색 1]은 '흰색, 배경 1', [색 2]는 '황록색, 강조 3'을 지정해요.

7 [음영 스타일]은 '가로', [적용]은 윗부분이 '황록색, 강조 3', 아랫부분이 '흰색, 배경 1'이 되도록 설정하고 [확인] 단추를 클릭해요.

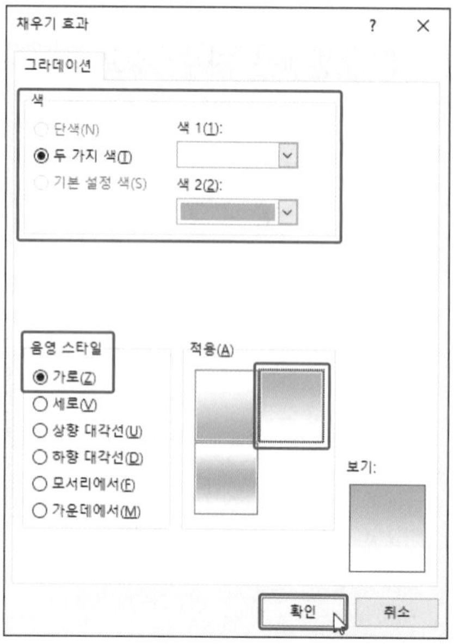

혼자서도 잘해요!

01 파일을 불러온 후 그림과 같은 모양이 되도록 테두리를 지정해 보세요.

[예제파일] 축제일정.xlsx

	A	B	C	D	E
1					
2		**지역별 축제 일정**			
3					
4		**축제명**	**기간**	**축제명**	**기간**
5		여의도 봄꽃축제	04.07~04.12	대구 동성로축제	05.11~05.13
6		진해 군항제	04.01~04.10	여수 거북선축제	05.04~05.06
7		여주 도자기축제	05.05~05.22	연천 구석기축제	05.04~05.07
8		남원 춘향제	05.18~05.22	담양 대나무축제	05.02~05.07
9		춘천 마임축제	05.20~05.27	제주 들불축제	03.01~03.04
10		강릉 단오제	06.14~06.21	논산 딸기축제	04.04~04.08
11					

02 파일을 불러온 후 그림과 같이 셀에 색을 채워 완성해 보세요.

[예제파일] 박물관전시.xlsx

	A	B	C	D	E
1					
2		**국립중앙박물관 상설전시안내**			
3					
4		**전시관**	**전시실**	**전시관**	**전시실**
5		선사·고대관	청동기·고조선실	서화관	서화실
6			고구려실		불교회화실
7			백제실		목칠공예실
8			신라실	조각·공예관	분청사기실
9		중·근세관	고려실		청자실
10			조선실		백자실
11			대한제국실		금속공예실
12					

07강 셀 스타일과 표 서식 지정하기

이렇게 배워요!

- 셀 스타일을 적용하는 방법을 알아보아요.
- 표 서식을 적용하는 방법을 알아보아요.

01 셀 스타일 적용하기

셀에 미리 설정해 놓은 스타일을 적용시키는 방법을 알아보아요.

[예제파일] 수업일정표.xlsx

❶ 파일을 불러온 후 셀 스타일을 적용하기 위해 [B4:G4] 셀을 블록 설정해요.

❷ [홈] 탭-[스타일] 그룹의 [셀 스타일]을 클릭해요. 셀 스타일 목록이 표시되면 [제목 및 머리글]의 '제목 2'를 선택해요.

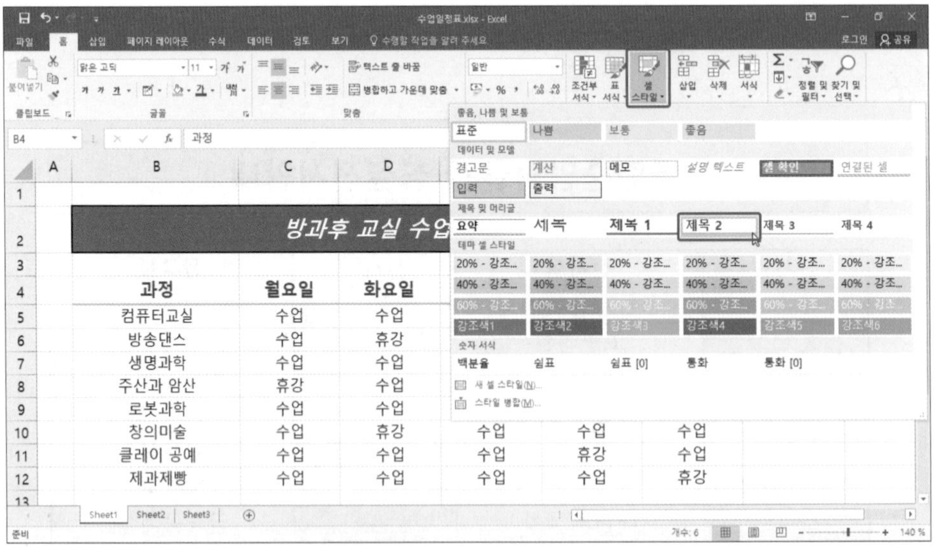

❸ [B5:B12] 셀을 블록 설정하고 [홈] 탭-[스타일] 그룹의 [셀 스타일]을 표시되는 목록에서 [테마 셀 스타일]의 '20% - 강조색1'을 선택해요.

④ 선택한 부분의 셀 배경과 글꼴의 색이 바뀐 것을 확인할 수 있어요.

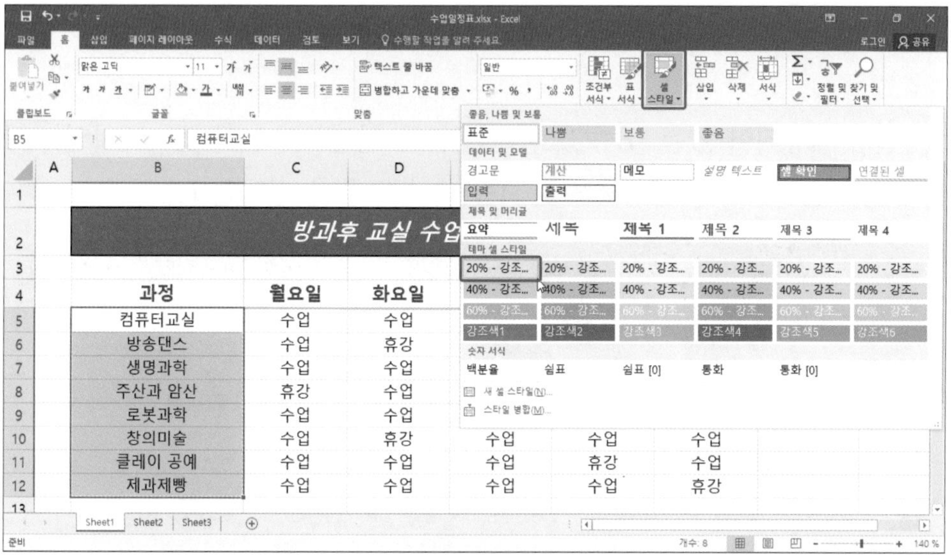

⑤ 같은 방법을 이용하여 [C5:G12] 셀을 블록 설정하고 셀 스타일을 [데이터 및 모델]의 '설명 텍스트'를 선택해요..

⑥ 선택한 부분의 글꼴 서식이 바뀐 것을 확인할 수 있어요.

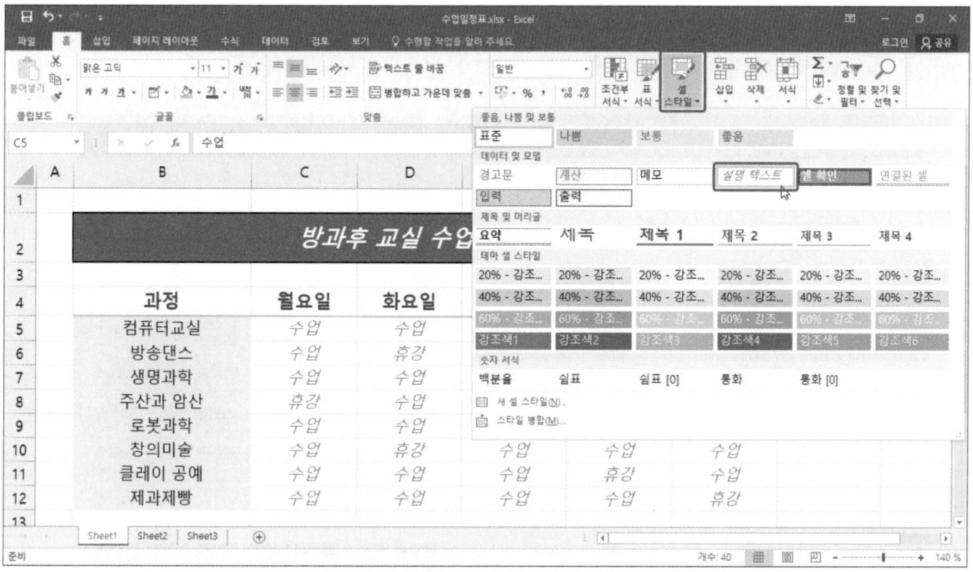

02

표 서식 적용하기

미리 설정해 놓은 표 서식을 적용하는 방법을 알아보아요.

1 셀 스타일이 적용되어 있는 [B4:G12] 셀을 블록 설정하고 [홈] 탭-[스타일] 그룹의 [셀 스타일]을 클릭하고 [좋음, 나쁨 및 보통]에서 '표준'을 선택해요.

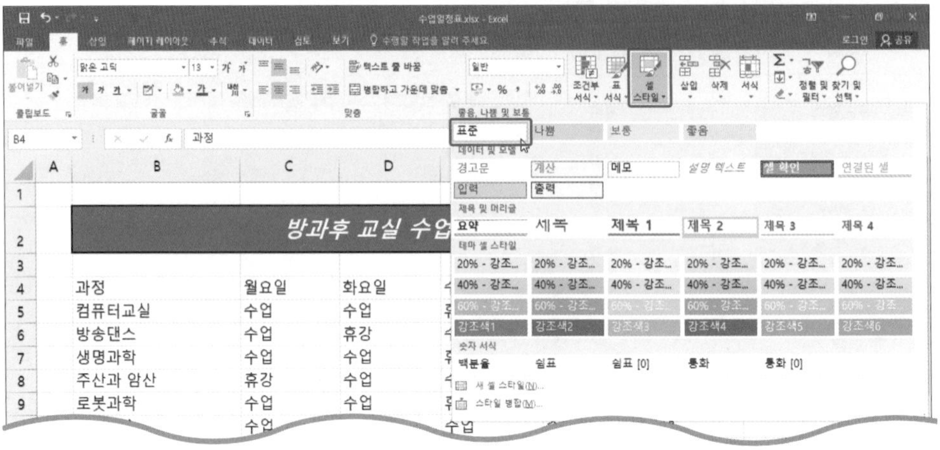

2 표 서식을 지정하기 위해 블록이 설정된 상태에서 [홈] 탭-[스타일] 그룹의 [표 서식]을 클릭해요.

3 표 서식 목록이 표시되면 [보통]의 '표 스타일 보통 17'을 선택해요.

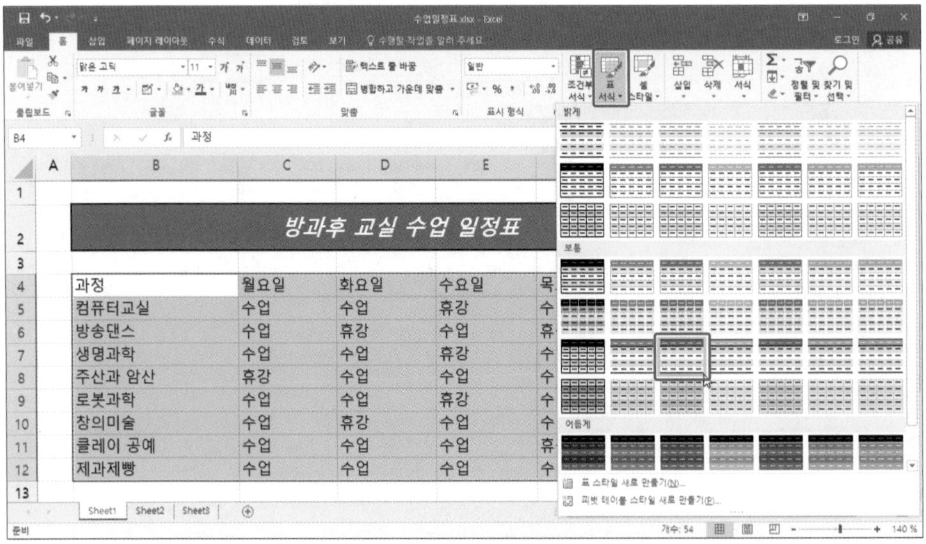

④ [표 서식] 대화상자가 표시되면 '머리글 포함'을 선택하고, 표에 사용할 데이터 범위가 맞는지 확인한 후 [확인] 단추를 클릭해요.

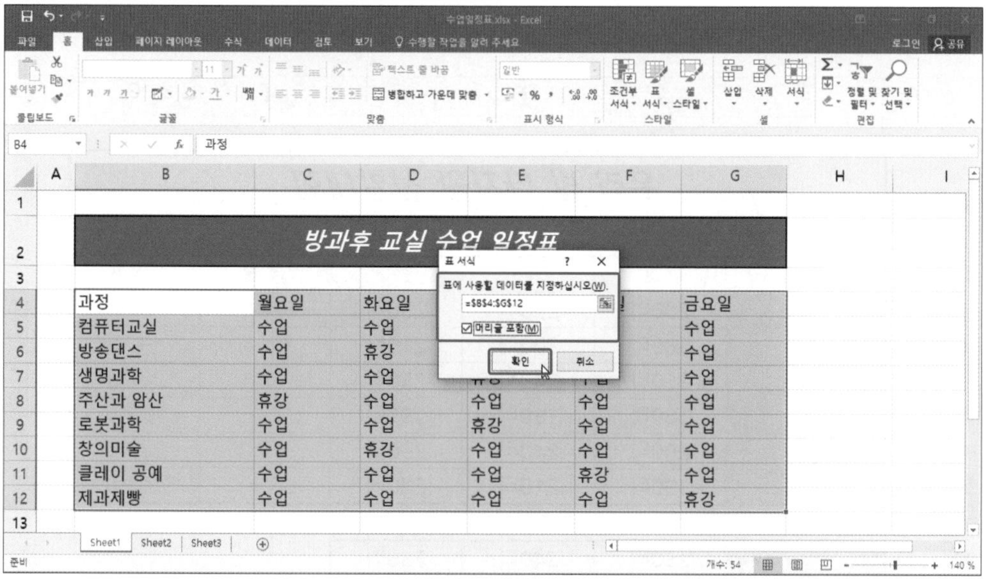

⑤ 그림과 같이 선택한 범위에 표 서식이 설정된 것을 확인할 수 있어요.

⑥ [표 도구]–[디자인] 탭–[표 스타일] 그룹의 [자세히]를 클릭하여 표시되는 목록에서 다른 표 스타일로 바꿀 수 있어요.

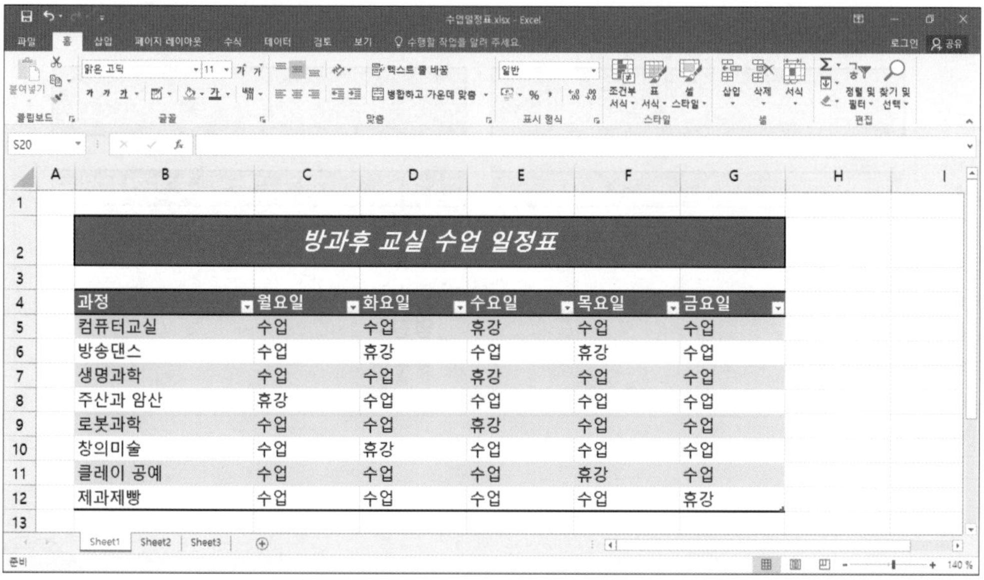

혼자서도 잘해요!

01 파일을 불러온 후 셀 스타일을 이용하여 그림과 같이 완성해 보세요.

[예제파일] 타자왕.xlsx

	A	B	C	D	E	F	G
1							
2		***우리 반 타자왕 선발대회***					
3							
4		이름	1차	2차	3차	합계	평균
5		김준영	200타	220타	250타	*670타*	*223타*
6		박효림	180타	200타	210타	*590타*	*197타*
7		정찬미	250타	240타	250타	*740타*	*247타*
8		성아라	180타	160타	190타	*530타*	*177타*
9		조다은	200타	240타	230타	*670타*	*223타*
10		민수진	190타	210타	220타	*620타*	*207타*
11							
12		최고점수	250타	240타	250타		
13							

02 파일을 불러온 후 표 서식을 이용하여 그림과 같이 완성해 보세요.

[예제파일] 환경의날.xlsx

	A	B	C	D	E	F	G	H
1								
2		환경의 날 기념행사 참가자(1반)				환경의 날 기념행사 참가자(2반)		
3								
4		이름	환경골든벨	환경체험		이름	환경골든벨	환경체험
5		김상우	○			윤인성	○	
6		정아람		○		송유영		○
7		고다은	○			이소진	○	
8		박우진	○			명진수		○
9		주영민	○			양수아		○
10		성민주		○		유지연	○	
11								

08강

도형과 SmartArt 삽입하기

이렇게 배워요!

- 도형을 삽입하는 방법을 알아보아요.
- SmartArt를 삽입하는 방법을 알아보아요.

01 도형을 삽입해요

도형을 이용하여 제목을 만드는 방법을 알아보아요.

[예제파일] 수행평가.xlsx

1 파일을 불러온 후 도형을 삽입하기 위해 [삽입] 탭–[일러스트레이션] 그룹–[도형]을 클릭해요.

2 도형 목록이 표시되면 '모서리가 둥근 직사각형'을 선택하고 문서 윗부분에 마우스를 드래그하여 삽입해요.

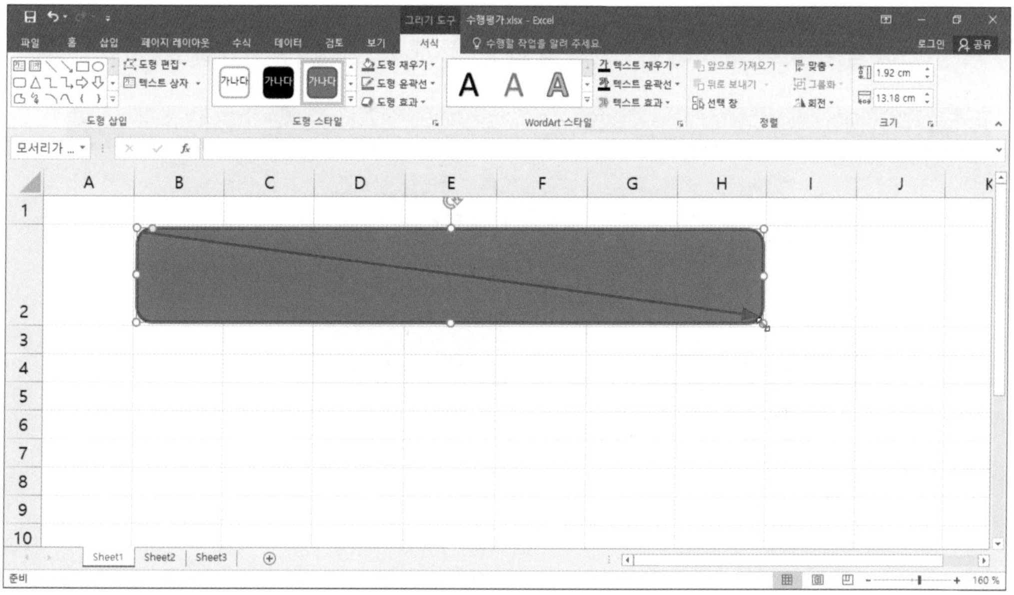

③ 삽입된 도형을 선택하고 '음악 수행 평가'를 입력해요. [홈] 탭–[글꼴] 그룹에서 [글꼴]은 '맑은 고딕', [크기]는 '20pt', '굵게', '기울임꼴'을 지정해요.

④ 글자를 도형 가운데로 이동시키기 위해 [홈] 탭–[맞춤] 그룹에서 세로와 가로의 '가운데 맞춤'을 선택해요.

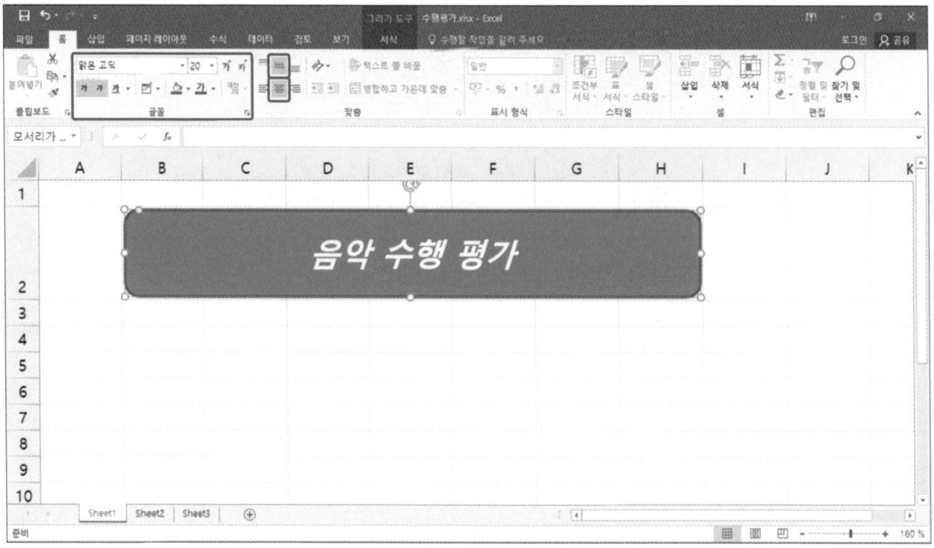

⑤ 도형 서식을 바꾸기 위해 [그리기 도구]–[서식] 탭–[도형 스타일]의 [자세히]를 클릭해요.

⑥ 도형 스타일 목록이 표시되면 '보통 효과 – 빨강, 강조 2'를 선택해요.

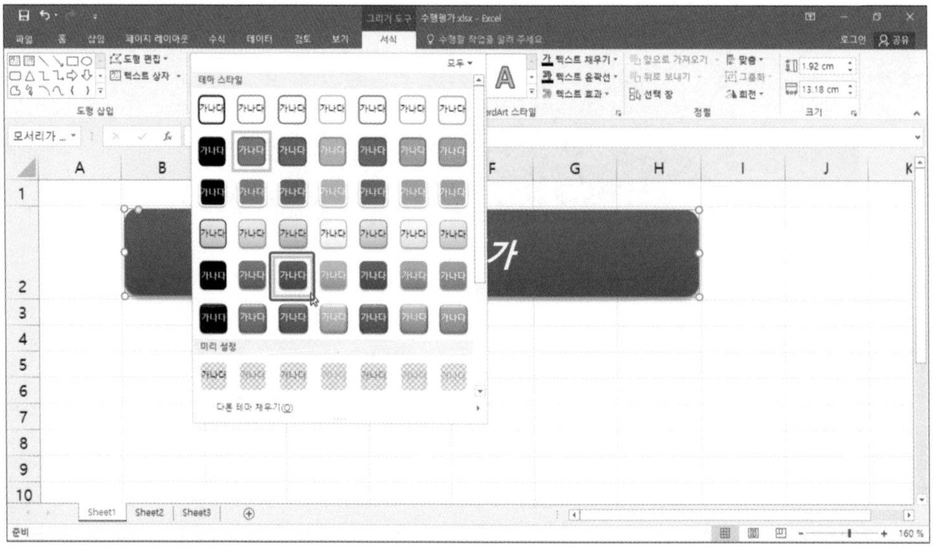

02 SmartArt를 삽입해요

진행 과정이나 항목 간의 관계를 표시하는 SmartArt를 삽입하는 방법을 알아보아요.

1. SmartArt를 삽입하기 위해 [삽입] 탭-[일러스트레이션] 그룹의 [SmartArt 그래픽 삽입]을 클릭해요.

2. [SmartArt 그래픽 선택] 대화상자가 표시되면 [프로세스형]의 '기본 프로세스형'을 선택하고 [확인] 단추를 클릭해요.

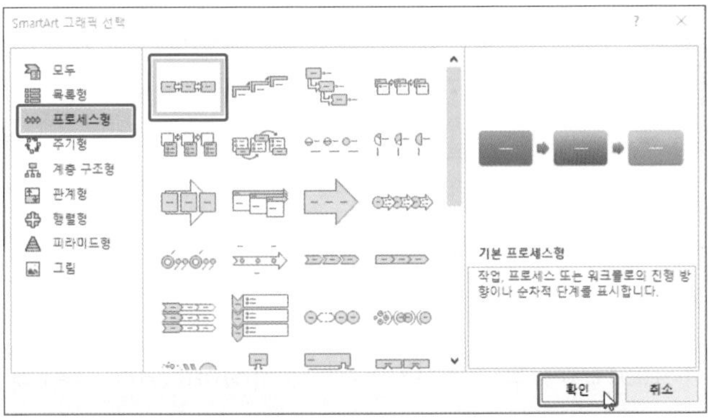

3. 선택한 SmartArt가 삽입되면 그림과 같이 도형 안에 텍스트를 입력하고 크기와 위치를 조절해요.

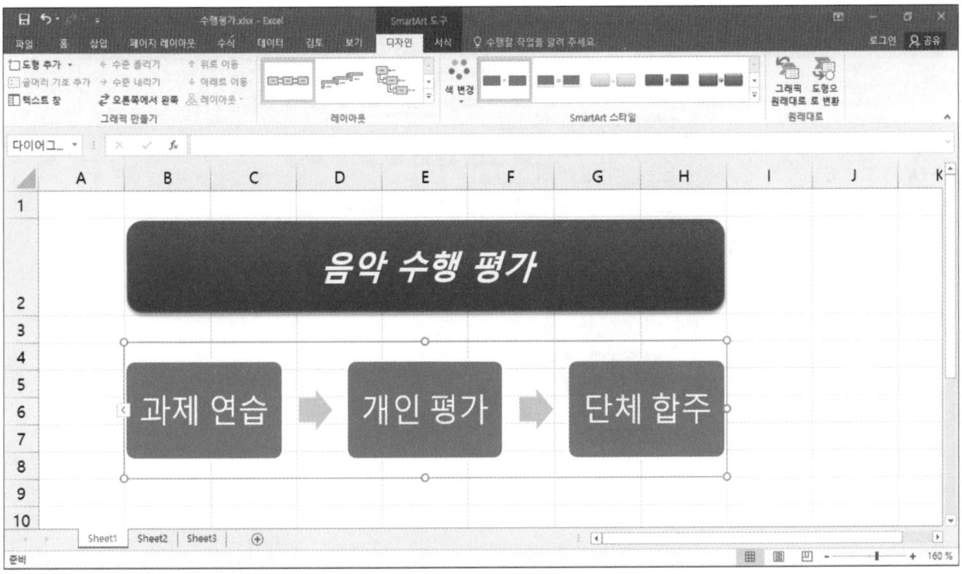

❹ SmartArt의 색을 바꾸기 위해 [SmartArt 도구]-[디자인] 탭-[SmartArt 스타일] 그룹의 [색 변경]을 클릭해요. 표시되는 목록에서 [색상형]의 '색상형 범위 - 강조색 4 또는 5'를 선택해요.

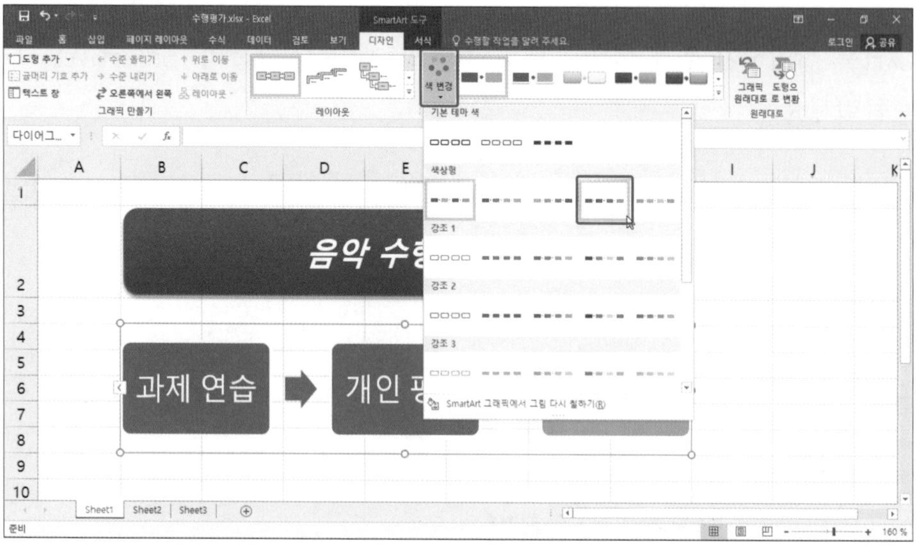

❺ 도형에 효과를 적용하기 위해 [SmartArt 도구]-[디자인] 탭-[SmartArt 스타일] 그룹의 [자세히]를 클릭해요.

❻ 표시되는 목록에서 [3차원]의 '광택 처리'를 선택해요. 삽입된 SmartArt에 스타일이 적용된 것을 확인할 수 있어요.

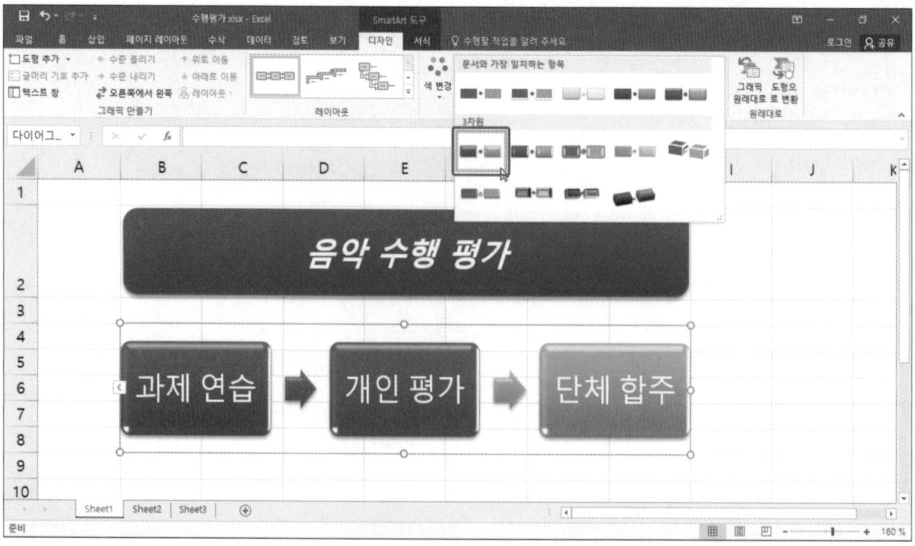

혼자서도 잘해요!

01 파일을 불러온 후 도형을 이용하여 그림과 같이 제목을 만들어 보세요.

[예제파일] 우리나라국보.xlsx

우리나라의 국보

번호	이름	지역	분류
국보 제1호	숭례문	서울	유적건조물
국보 제2호	원각사지 십층석탑	서울	유적건조물
국보 제3호	신라 진흥왕 순수비	서울	서각류
국보 제4호	고달사지 승탑	여주	유적건조물
국보 제5호	법주사 쌍사자 석등	보은	유적건조물
국보 제6호	탑평리 칠층석탑	충주	유적건조물

02 파일을 불러온 후 SmartArt를 이용하여 그림과 같이 만들어 보세요.

[예제파일] 체력검사.xlsx

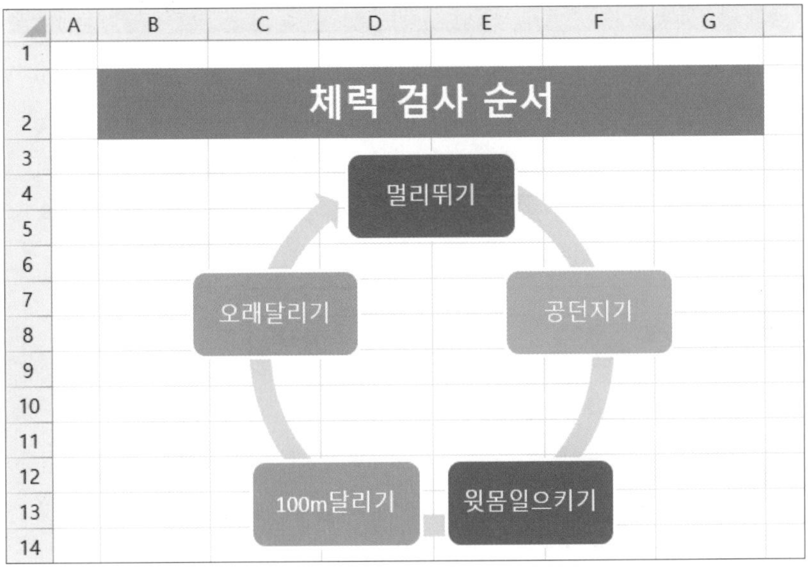

09강

WordArt와 온라인 그림 삽입하기

이렇게 배워요!

- WordArt를 삽입하는 방법을 알아보아요.
- 온라인 그림을 삽입하는 방법을 알아보아요.

01 WordArt 삽입하기

WordArt를 이용하여 제목을 만들고 서식을 지정하는 방법을 알아보아요.

[예제파일] 날씨예보.xlsx

1 파일을 불러온 후 WordArt를 삽입하기 위해 [삽입] 탭-[텍스트] 그룹-[WordArt 삽입]을 클릭해요.

2 WordArt 목록이 표시되면 '그라데이션 채우기 – 자주, 강조 4, 윤곽선 – 강조 4'를 선택해요.

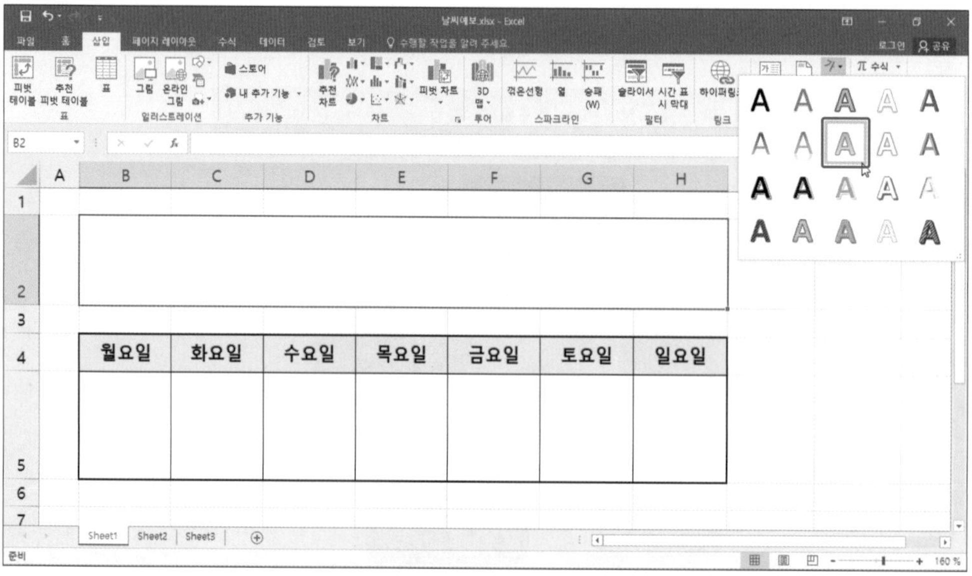

③ 시트에 선택한 WordArt가 삽입되면 '이번주 날씨예보'를 입력하고 문서 윗부분으로 이동해요.

④ 글꼴 서식을 바꾸기 위해 [홈] 탭–[글꼴] 그룹에서 [글꼴]은 '맑은 고딕', 크기는 '32pt', '굵게'를 지정해요.

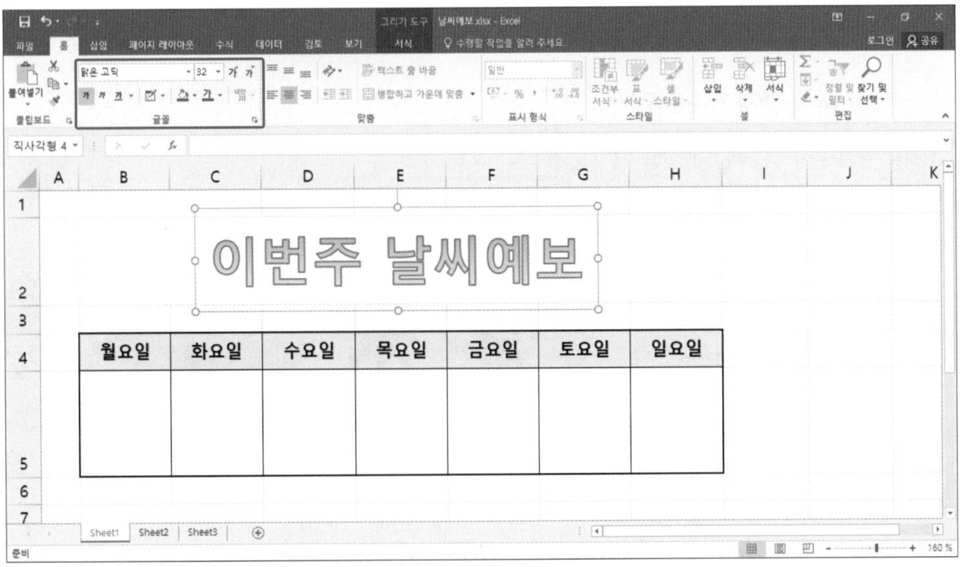

⑤ WordArt에 효과를 설정하기 위해 [그리기 도구]–[서식] 탭–[WordArt 스타일] 그룹–[텍스트 효과]의 [변환]에서 '위쪽 팽창'을 선택해요.

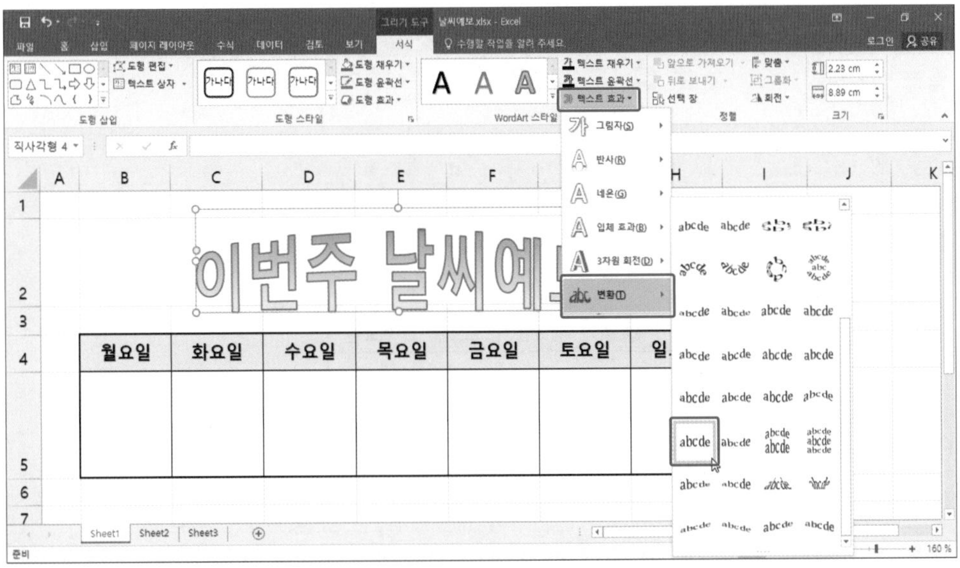

02 온라인 그림 삽입하기

문서의 내용을 쉽게 이해할 수 있도록 도와주는 온라인 그림을 삽입하는 방법을 알아보아요.

1. 온라인 그림을 삽입하기 위해 [삽입] 탭-[일러스트레이션] 그룹의 [온라인 그림]을 클릭해요.

2. [그림 삽입] 대화상자가 표시되면 [Bing 이미지 검색]에 '날씨아이콘'을 입력하고 [Bing 검색] 단추를 클릭해요. 검색이 끝나면 그림과 같이 '날씨아이콘'과 관련된 이미지를 보여줘요.

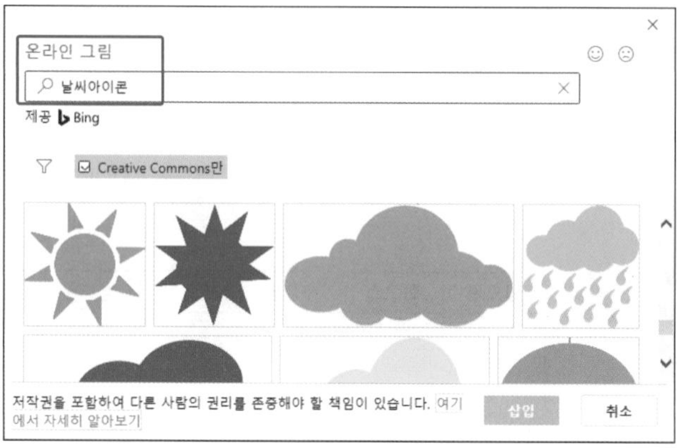

3. 시트에 삽입할 온라인 그림을 선택한 후 [삽입] 단추를 클릭하면 슬라이드로 이미지를 가져와요.

4. 마우스로 온라인 그림 바깥 부분의 조절점을 드래그하여 크기와 위치를 조절해요.

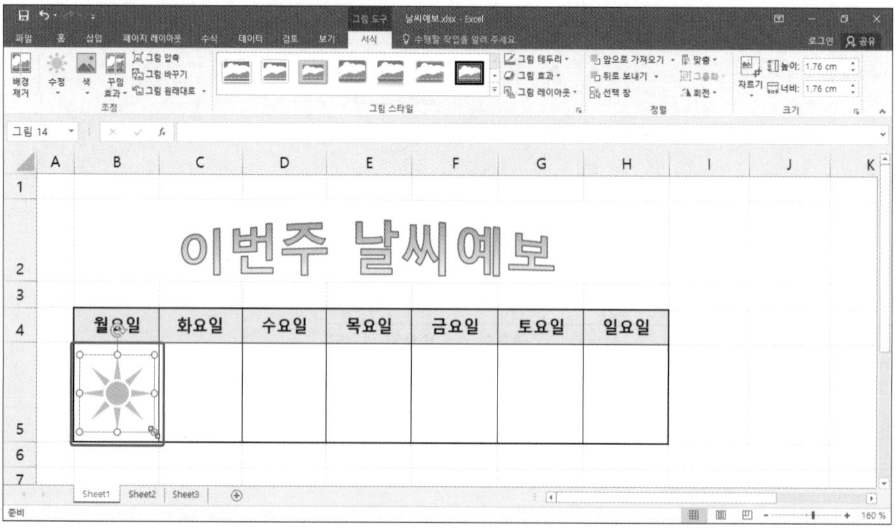

5 삽입한 온라인 그림의 색을 바꾸기 위해 [그림 도구]-[서식] 탭-[조정] 그룹의 [색]을 클릭해요.

6 [다시 칠하기]에서 '자주, 밝은 강조색 4'를 선택해요. 선택한 클립 아트의 색이 바뀐 것을 확인할 수 있어요.

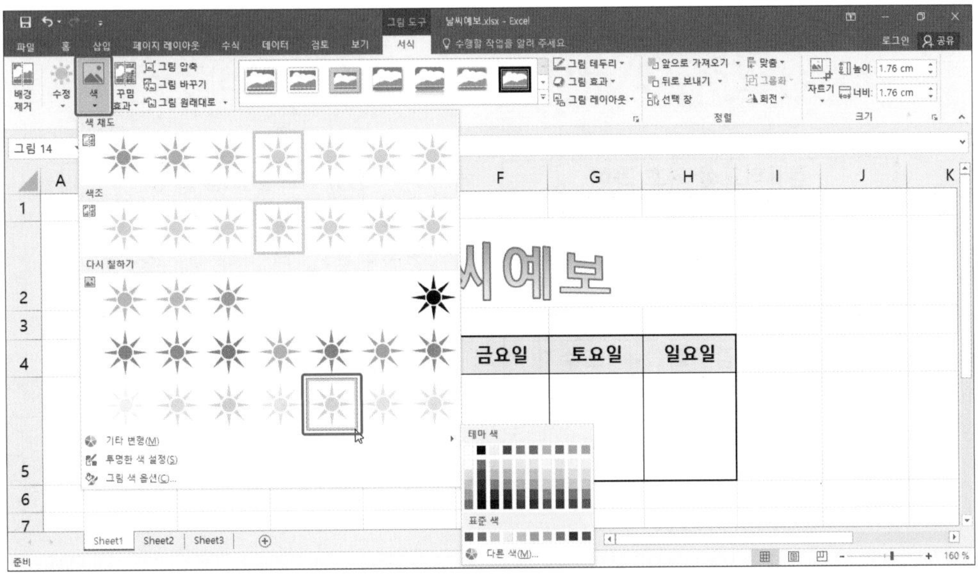

7 같은 방법을 이용하여 날씨에 해당하는 온라인 그림을 삽입하고 색을 바꿔 완성해 보세요.

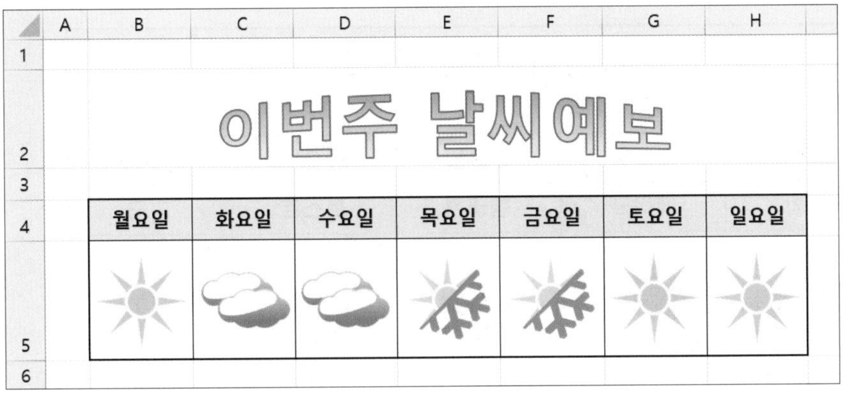

혼자서도 잘해요!

01 파일을 불러온 후 워드아트를 이용하여 그림과 같이 만들어 보세요.

[예제파일] 반편성.xlsx

방과후A반　　방과후B반

컴퓨터교실 기초 과정		
정다은	이지은	이현호
김아람	표진아	박우진
성연지	우소은	고아름
박찬수	강예준	조아라
조영민	김준희	조수지

컴퓨터교실 고급 과정		
김연우	홍우리	강예리
박호준	김지혜	정소미
전미영	천소미	성준희
송주희	백지연	김라율
이지연	김선우	주민서

02 파일을 불러온 후 해당하는 온라인 그림을 삽입해 완성해 보세요.

[예제파일] 식단표.xlsx

이번 주 간식 식단표

월요일	화요일	수요일	목요일	금요일
김밥	케이크	햄버거	토스트	피자

10강 수식으로 계산하기

이렇게 배워요!

- 수식을 이용하여 계산하는 방법을 알아보아요.
- 다양한 수식의 활용 방법을 알아보아요.

01 수식으로 계산하기

엑셀의 가장 큰 장점은 데이터를 계산하는 기능이에요. 수식으로 계산하는 방법을 알아보아요.

[예제파일] 도서대출현황.xlsx

① 파일을 불러온 후 수식을 삽입하기 위해 [E5] 셀을 선택하고 '=' 기호를 입력해요.

② 셀에 기호가 삽입되면 마우스로 [C5] 셀을 클릭해요. '=C5'가 입력된 것을 확인할 수 있어요.

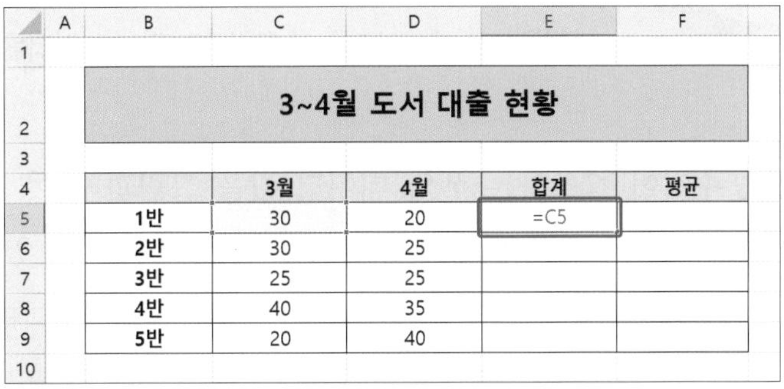

3~4월 도서 대출 현황

	3월	4월	합계	평균
1반	30	20	=C5	
2반	30	25		
3반	25	25		
4반	40	35		
5반	20	40		

③ 입력된 수식 뒤에 '+' 기호를 입력하고 마우스로 [D5] 셀을 클릭해요. 수식이 '=C5+D5'이 되면 Enter를 눌러요.

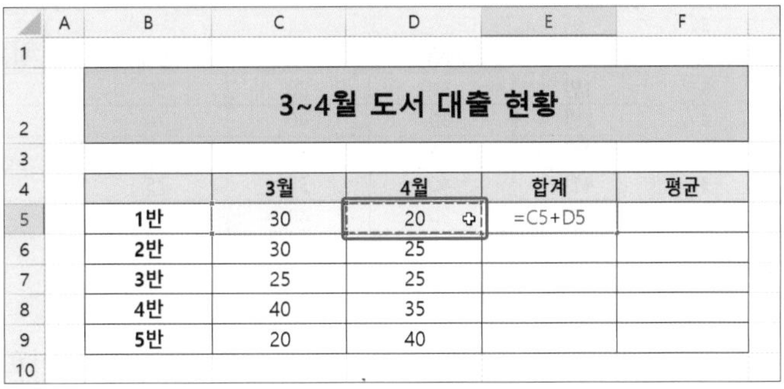

3~4월 도서 대출 현황

	3월	4월	합계	평균
1반	30	20	=C5+D5	
2반	30	25		
3반	25	25		
4반	40	35		
5반	20	40		

❹ 입력된 수식에 의해 [C5]와 [D5] 셀의 합계를 구해 표시하는 것을 확인할 수 있어요.

❺ [E5] 셀의 채우기 핸들을 [E9] 셀까지 드래그하여 그림과 같이 나머지 셀에도 합계를 구해요.

	A	B	C	D	E	F
1						
2		3~4월 도서 대출 현황				
3						
4			3월	4월	합계	평균
5		1반	30	20	50	
6		2반	30	25	55	
7		3반	25	25	50	
8		4반	40	35	75	
9		5반	20	40	60	
10						

02 수식 수정하기

자동으로 계산이 되는지 확인하기 위해 데이터를 바꿔보고 수식으로 평균을 계산해 보아요.

❶ 수식이 참조하는 셀의 데이터 값을 그림과 같이 바꿔보아요. 바뀐 데이터 값에 따라 자동으로 합계의 결과가 바뀌는 것을 확인할 수 있어요.

	A	B	C	D	E	F
1						
2		3~4월 도서 대출 현황				
3						
4			3월	4월	합계	평균
5		1반	30	20	50	
6		2반	30	40	70	
7		3반	25	35	60	
8		4반	40	35	75	
9		5반	30	40	70	
10						

❷ 평균을 구하기 위해 [F5] 셀에 '=C5+D5/2'를 입력하고 Enter를 눌러요.

❸ 값을 곱할 때는 '*', 나눌 때는 '/' 기호를 이용해요.

	A	B	C	D	E	F
1						
2		3~4월 도서 대출 현황				
3						
4			3월	4월	합계	평균
5		1반	30	20	50	=C5+D5/2
6		2반	30	40	70	
7		3반	25	35	60	
8		4반	40	35	75	
9		5반	30	40	70	
10						

❹ 평균이 올바르게 구해지지 않은 것을 확인할 수 있어요. 수식을 올바르게 수정하기 위해 [F5] 셀을 더블 클릭해요.

❺ 셀에 수식이 표시되면 '=(C5+D5)/2'를 입력하고 Enter를 눌러요.

	A	B	C	D	E	F
1						
2		3~4월 도서 대출 현황				
3						
4			3월	4월	합계	평균
5		1반	30	20	50	=(C5+D5)/2
6		2반	30	40	70	
7		3반	25	35	60	
8		4반	40	35	75	
9		5반	30	40	70	
10						

❻ 두 셀의 합계를 먼저 구한 후 다시 2로 나누어 평균을 올바르게 구한 것을 알 수 있어요.

❼ 나머지 셀에도 수식을 복사하여 완성해 보세요..

	A	B	C	D	E	F
1						
2		3~4월 도서 대출 현황				
3						
4			3월	4월	합계	평균
5		1반	30	20	50	25
6		2반	30	40	70	35
7		3반	25	35	60	30
8		4반	40	35	75	37.5
9		5반	30	40	70	35
10						

혼자서도 잘해요!

01 파일을 불러온 후 수식을 이용하여 합계와 평균을 계산해 보세요.

[예제파일] 줄넘기.xlsx

우리 반 줄넘기 챔피언

	1차	2차	3차	합계	평균
김예찬	20	25	30	75	25
강수아	14	20	20	54	18
박주영	12	16	20	48	16
남궁연우	16	21	23	60	20
이예슬	25	20	24	69	23
강예준	23	25	27	75	25
황윤지	25	30	26	81	27

02 파일을 불러온 후 수식을 이용하여 계산해 보세요.

[예제파일] 용돈사용.xlsx

이번 주 용돈 사용

	쓴 돈
빵	2,000
연필	1,000
아이스크림	1,000
버스요금	2,000
과자	2,000
공책	1,000
합계	9,000

받은 용돈	쓴 돈	남은 돈
10,000	9,000	1,000

11강 함수로 계산하기

이렇게 배워요!

- 자동 함수로 계산하는 방법을 알아보아요.
- 함수식을 입력해서 계산하는 방법을 알아보아요.

01 자동 함수로 계산하기

합계나 평균과 같이 자주 사용하는 수식을 자동 함수로 빠르게 계산해 보아요.

[예제파일] 평가점수표.xlsx

❶ 파일을 불러온 후 자동 함수로 합계를 구하기 위해 [C5:F5] 셀을 블록으로 설정해요.

❷ [수식] 탭-[함수 라이브러리] 그룹의 [자동 합계]의 화살표를 클릭하고 '합계'를 선택해요.

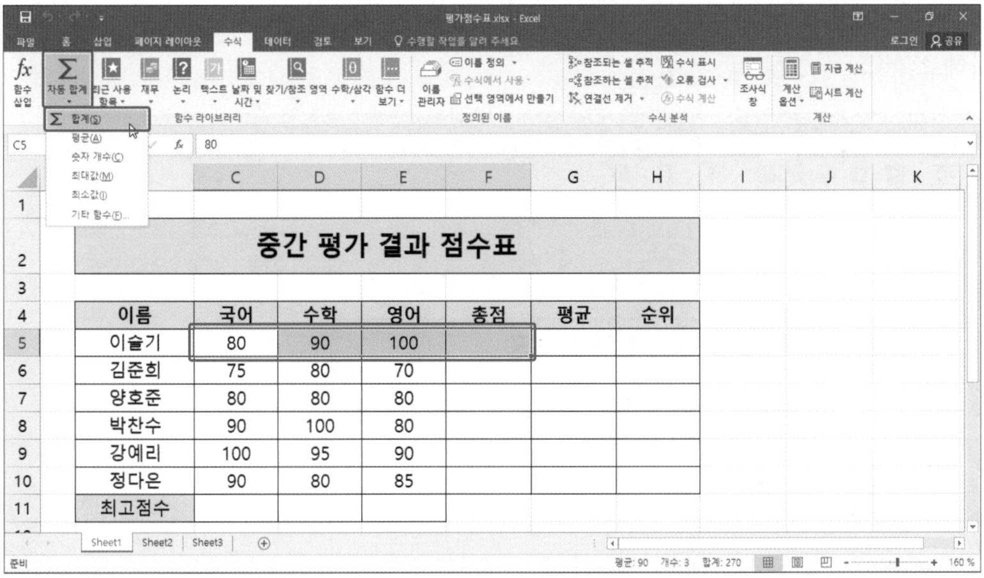

❸ 비어있는 셀에 자동으로 합계가 구해진 것을 확인할 수 있어요.

④ 자동 함수로 평균을 구하기 위해 [C5:G5] 셀을 블록으로 설정하고 [수식] 탭-[함수 라이브러리] 그룹의 [자동 합계]에서 [평균]을 선택해요.

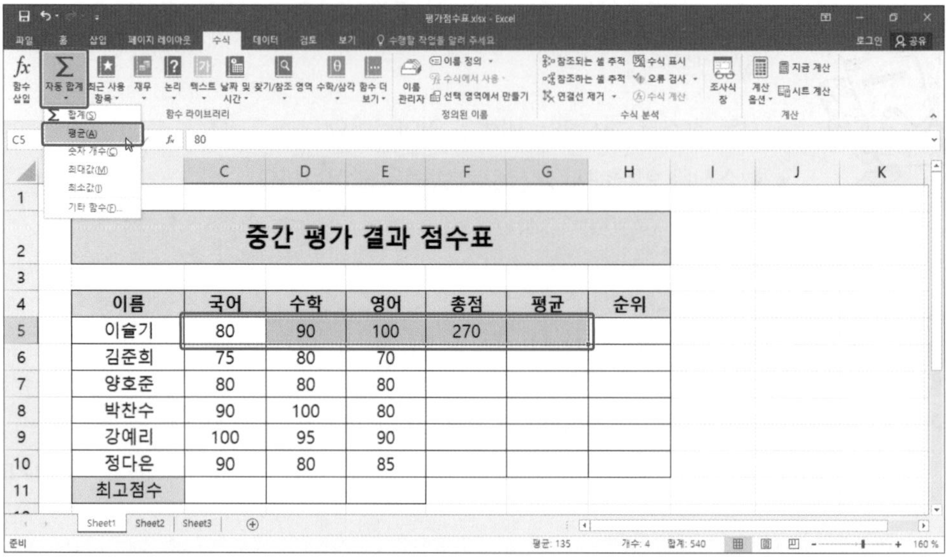

⑤ 자동으로 평균이 구해지면 평균을 구할 범위를 변경하기 위해 [G5] 셀의 함수식을 '=AVERAGE(C5:E5)'로 수정해요.

⑥ 함수식이 올바르게 계산되면, 채우기 핸들을 드래그하여 나머지 셀에도 함수식을 복사해요.

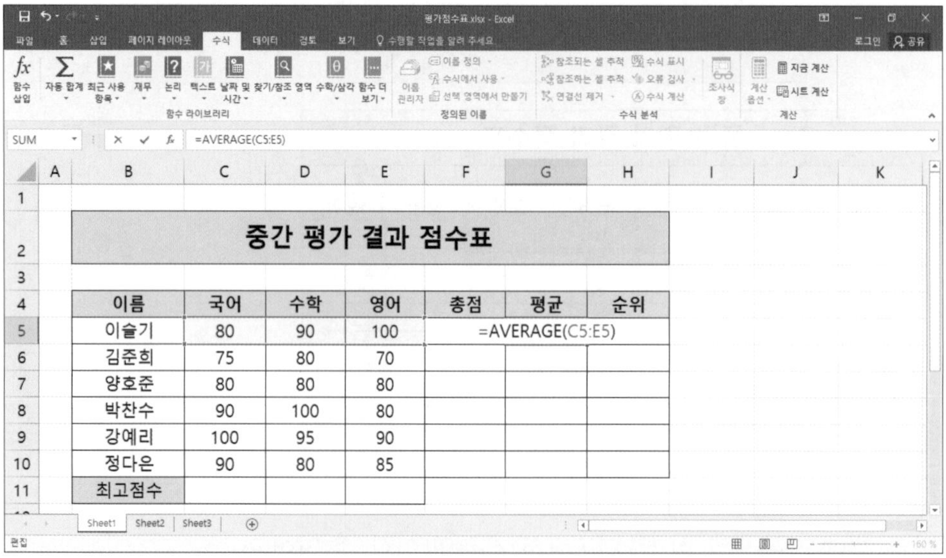

02 함수식으로 계산하기

셀에 함수식을 직접 입력하여 계산하는 방법을 알아보아요.

1 가장 높은 점수를 구하기 위해 [C11] 셀에 '=MAX('를 입력해요.

2 마우스를 드래그하여 [C5:C10] 셀을 선택해요. 함수식에 선택한 범위가 입력되면 Enter를 눌러요.

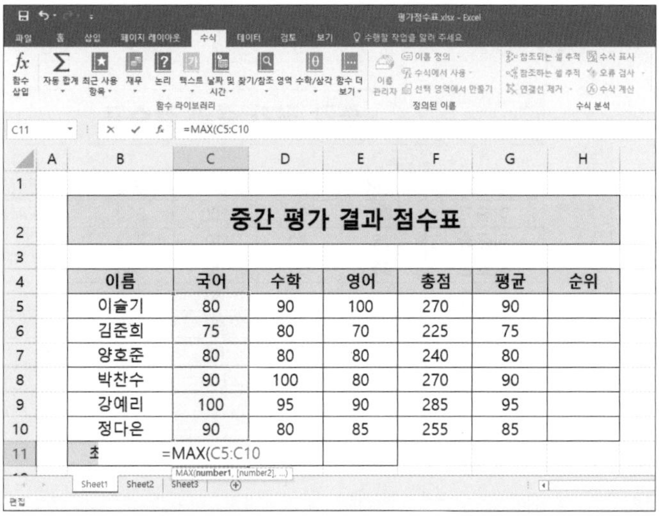

	A	B	C	D	E	F	G	H
1								
2		중간 평가 결과 점수표						
3								
4		이름	국어	수학	영어	총점	평균	순위
5		이슬기	80	90	100	270	90	
6		김준희	75	80	70	225	75	
7		양호준	80	80	80	240	80	
8		박찬수	90	100	80	270	90	
9		강예리	100	95	90	285	95	
10		정다은	90	80	85	255	85	
11		초	=MAX(C5:C10					

3 그림과 같이 선택한 범위에서 가장 큰 점수를 구해 보여줘요. [C11] 셀의 채우기 핸들을 [E11] 셀까지 드래그하여 함수식을 복사해요.

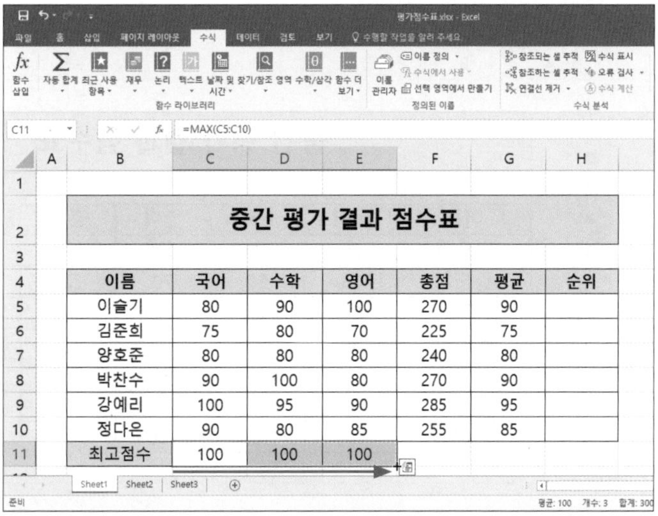

	A	B	C	D	E	F	G	H
1								
2		중간 평가 결과 점수표						
3								
4		이름	국어	수학	영어	총점	평균	순위
5		이슬기	80	90	100	270	90	
6		김준희	75	80	70	225	75	
7		양호준	80	80	80	240	80	
8		박찬수	90	100	80	270	90	
9		강예리	100	95	90	285	95	
10		정다은	90	80	85	255	85	
11		최고점수	100	100	100			

4 순위를 구하기 위해 [H5] 셀에 '=RANK('를 입력해요. 마우스로 [F5] 셀을 클릭해서 함수식을 '=RANK(F5,'로 만들어요.

5 순위를 구할 범위를 설정하기 위해 마우스로 [F5:F10] 셀을 드래그한 후 F4를 눌러요. 선택한 범위가 절대 참조로 바뀌고 함수식이 '=RANK(F5,$F$5:$F$10'으로 만들어지면 Enter를 눌러요.

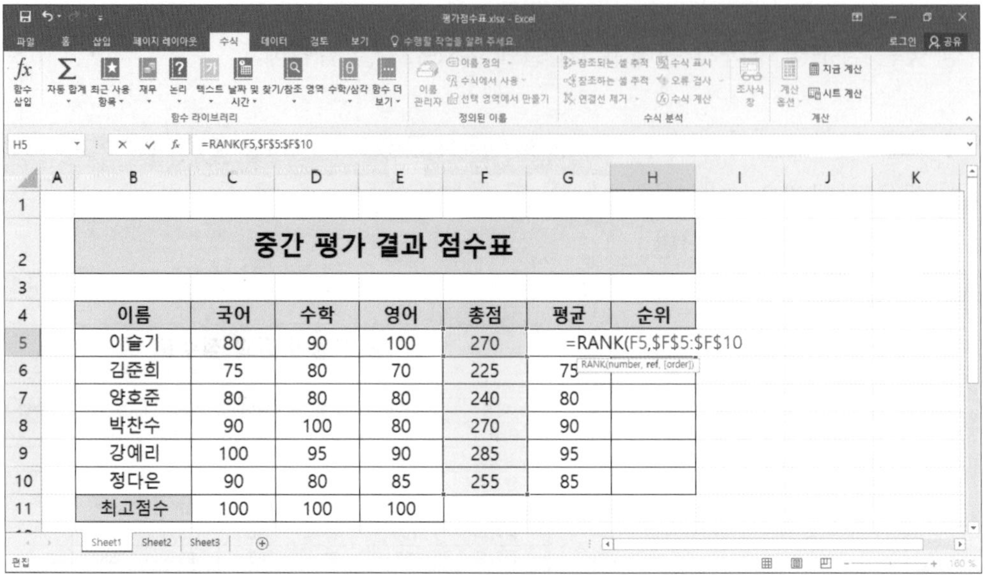

	A	B	C	D	E	F	G	H
1								
2		중간 평가 결과 점수표						
3								
4		이름	국어	수학	영어	총점	평균	순위
5		이슬기	80	90	100	270		=RANK(F5,$F$5:$F$10
6		김준희	75	80	70	225	75	
7		양호준	80	80	80	240	80	
8		박찬수	90	100	80	270	90	
9		강예리	100	95	90	285	95	
10		정다은	90	80	85	255	85	
11		최고점수	100	100	100			

6 [H5] 셀에 순위가 구해지면 [H10] 셀까지 채우기 핸들을 드래그하여 순위가 바르게 구해졌는지 확인해요.

	A	B	C	D	E	F	G	H
1								
2		중간 평가 결과 점수표						
3								
4		이름	국어	수학	영어	총점	평균	순위
5		이슬기	80	90	100	270	90	2
6		김준희	75	80	70	225	75	6
7		양호준	80	80	80	240	80	5
8		박찬수	90	100	80	270	90	2
9		강예리	100	95	90	285	95	1
10		정다은	90	80	85	255	85	4
11		최고점수	100	100	100			
12								

혼자서도 잘해요!

01 파일을 불러온 후 자동 함수를 이용하여 계산해 보세요.

[예제파일] 달리기평가.xlsx

50m 달리기 평가 결과

이름	정다은	박보람	유승연	이나래	조민영	김지영
1차 기록	8.0	8.5	7.9	7.8	8.2	8.3
2차 기록	9.0	9.2	8.5	7.5	8.0	8.2
3차 기록	8.4	8.9	8.0	8.1	7.6	8.0
평균 기록	8.5	8.9	8.1	7.8	7.9	8.2

1차에서 가장 빠른 기록	7.8
2차에서 가장 빠른 기록	7.5
3차에서 가장 느린 기록	8.9

02 파일을 불러온 후 함수식을 이용하여 계산해 보세요.

[예제파일] 신체발달검사.xlsx

신체발달검사 결과

이름	박준수	이정아	한나연	조수영	윤정환	김민호
키	142cm	150cm	135cm	140cm	145cm	156cm
몸무게	38kg	40kg	37kg	35kg	42kg	45kg
시력	2.0	1.5	1.2	0.8	1.2	1.0

가장 키가 큰 값	156cm
가장 몸무게가 적은 값	35kg
가장 시력이 좋은 값	2.0

시력의 평균	1.3
몸무게의 합계	237kg
키의 평균	145cm

데이터 정렬하기

이렇게 배워요!

- 데이터를 기준에 맞게 정렬하는 방법을 알아보아요.
- 오름차순과 내림차순에 대해 알아보아요.

01 데이터 정렬하기

정렬 기능을 이용하면 많은 데이터를 원하는 기준에 맞게 정리할 수 있어요.

[예제파일] 운동회점수.xlsx

1 파일을 불러온 후 데이터를 정렬하기 위해 [B4] 셀을 선택하고 [데이터] 탭-[정렬 및 필터] 그룹의 [텍스트 오름차순 정렬]을 선택해요.

2 [B4] 셀의 반을 기준으로 작은 순서에서 큰 순서로 데이터가 정렬된 것을 확인할 수 있어요.

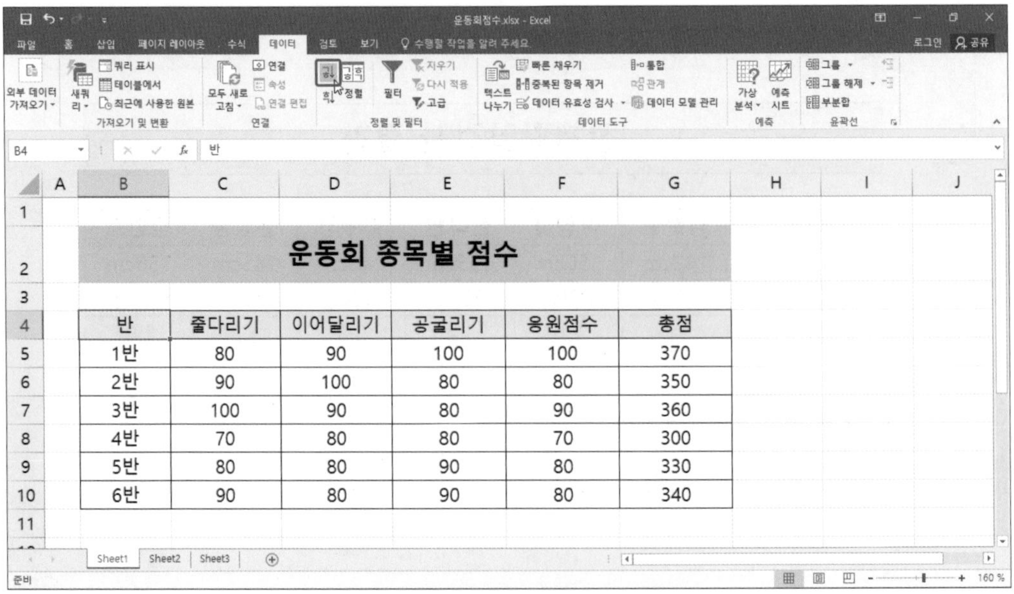

운동회 종목별 점수

반	줄다리기	이어달리기	공굴리기	응원점수	총점
1반	80	90	100	100	370
2반	90	100	80	80	350
3반	100	90	80	90	360
4반	70	80	80	70	300
5반	80	80	90	80	330
6반	90	80	90	80	340

③ 다시 [B4] 셀을 선택하고 [데이터] 탭-[정렬 및 필터] 그룹의 [텍스트 내림차순 정렬]을 선택해요.

④ [B4] 셀의 반을 기준으로 큰 순서에서 작은 순서로 데이터를 정렬해요.

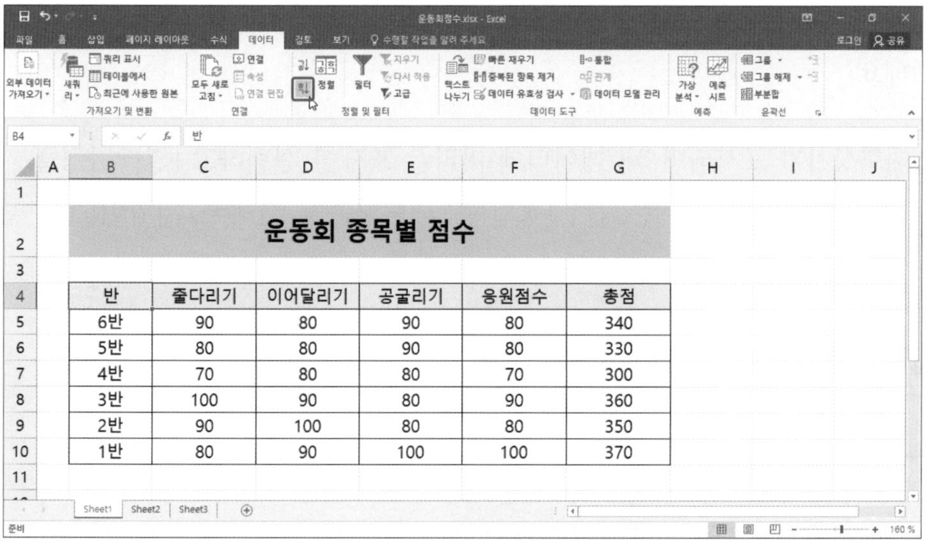

운동회 종목별 점수

반	줄다리기	이어달리기	공굴리기	응원점수	총점
6반	90	80	90	80	340
5반	80	80	90	80	330
4반	70	80	80	70	300
3반	100	90	80	90	360
2반	90	100	80	80	350
1반	80	90	100	100	370

⑤ 숫자의 크기로 정렬하기 위해 [C4] 셀을 선택하고 [데이터] 탭-[정렬 및 필터] 그룹의 [텍스트 내림차순 정렬]을 선택해요.

⑥ [C5:C10] 셀의 데이터를 숫자가 큰 순서에서 작은 순서로 데이터를 정렬한 것을 확인할 수 있어요.

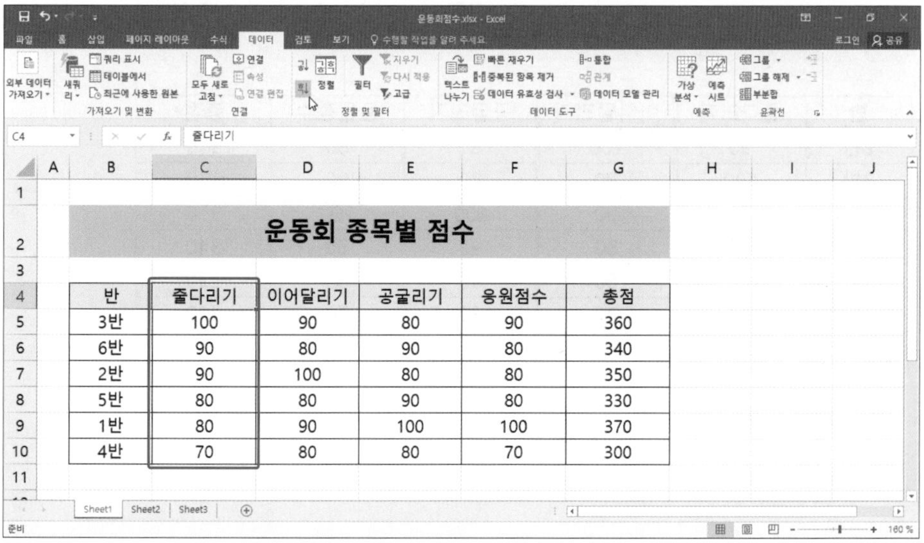

운동회 종목별 점수

반	줄다리기	이어달리기	공굴리기	응원점수	총점
3반	100	90	80	90	360
6반	90	80	90	80	340
2반	90	100	80	80	350
5반	80	80	90	80	330
1반	80	90	100	100	370
4반	70	80	80	70	300

02 기준을 설정하여 정렬하기

정렬 대화상자를 이용하여 원하는 기준을 직접 설정하여 정렬하는 방법을 알아보아요.

1. 데이터를 정렬하기 위해 [B4] 셀을 선택하고 [데이터] 탭-[정렬 및 필터] 그룹의 [정렬]을 선택해요.

2. [정렬] 대화상자가 표시되면 '내 데이터에 머리글 표시'를 선택하고 [열]의 [정렬 기준]은 '이어달리기', [정렬 기준]은 '값', [정렬]은 '내림차순'을 선택하고 [확인] 단추를 클릭해요.

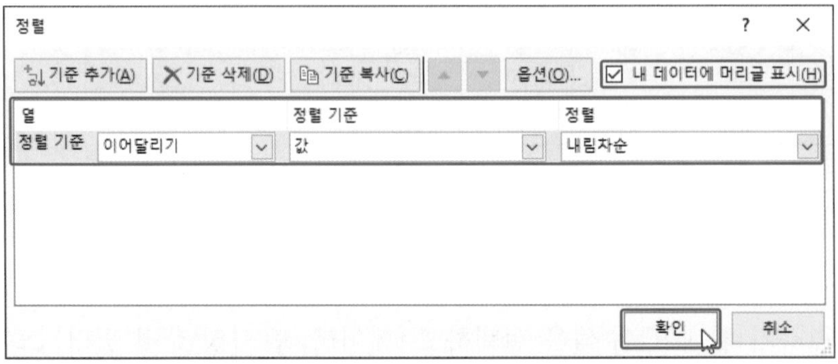

3. 이어달리기 점수를 기준으로 내림차순으로 데이터가 정렬된 것을 확인할 수 있어요.

	A	B	C	D	E	F	G
1							
2		운동회 종목별 점수					
3							
4		반	줄다리기	이어달리기	공굴리기	응원점수	총점
5		2반	90	100	80	80	350
6		3반	100	90	80	90	360
7		1반	80	90	100	100	370
8		6반	90	80	90	80	340
9		5반	80	80	90	80	330
10		4반	70	80	80	70	300
11							

④ 다시 [정렬] 대화상자를 표시하고 [기준 추가] 단추를 클릭해요.

⑤ 이전 정렬 기준 아래에 새로운 기준이 표시되면 [열]의 [다음 기준]은 '공굴리기', [정렬 기준]은 '값', [정렬]은 '내림차순'을 선택하고 [확인] 단추를 클릭해요

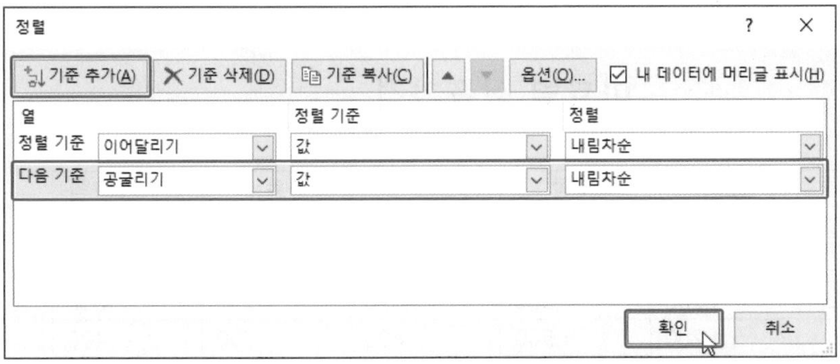

⑥ 이어달리기와 공굴리기를 기준으로 데이터가 정렬되고, 이어달리기 점수가 같은 경우 공굴리기 점수가 높은 데이터가 위에 표시된 것을 확인할 수 있어요.

운동회 종목별 점수

반	줄다리기	이어달리기	공굴리기	응원점수	총점
2반	90	100	80	80	350
1반	80	90	100	100	370
3반	100	90	80	90	360
6반	90	80	90	80	340
5반	80	80	90	80	330
4반	70	80	80	70	300

혼자서도 잘해요!

01 파일을 불러온 후 과자와 음료수 가격이 가장 높은 순서대로 데이터를 정렬해 보세요.

[예제파일] 가격비교.xlsx

	A	B	C	D	E	F	G
1							
2		마트별 상품가격					
3							
4		반	과자	사탕	빵	음료수	아이스크림
5		바로마트	1,500	1,200	700	600	500
6		팡팡마트	1,300	1,000	900	800	450
7		우리마트	1,200	1,300	1,000	750	600
8		홈마트	1,200	1,500	800	700	400
9		올스마트	1,000	1,500	900	800	350
10		싸다마트	1,000	1,200	800	600	400
11							

02 파일을 불러온 후 그림과 같이 날짜 순서에 맞게 데이터를 정렬해 보세요.

[예제파일] 공휴일.xlsx

	A	B	C	D	E	F	G	H	I
1									
2		우리나라의 공휴일(2022년)							
3									
4		이름	월	일	비고	이름	월	일	비고
5		신정	1	1		광복절	8	15	
6		설날	2	1	3일간	추석	9	10	3일간
7		삼일절	3	1		한글날	10	9	
8		부처님오신날	5	8		개천절	10	3	
9		어린이날	5	5		크리스마스	12	25	
10		현충일	6	6					
11									

13강 필터로 정렬하기

이렇게 배워요!

- 필터를 이용하여 데이터를 정렬하는 방법을 알아보아요.
- 필터로 원하는 데이터만 표시하는 방법을 알아보아요.

01 필터로 정렬하기

필터를 이용하여 데이터를 빠르게 정렬하는 방법을 알아보아요.

[예제파일] 영어경시대회.xlsx

1 파일을 불러온 후 필터를 설정하기 위해 [B4] 셀을 선택하고 [데이터] 탭–[정렬 및 필터] 그룹의 [필터]를 클릭해요.

2 그림과 같이 선택한 셀 옆에 필터 단추가 표시돼요.

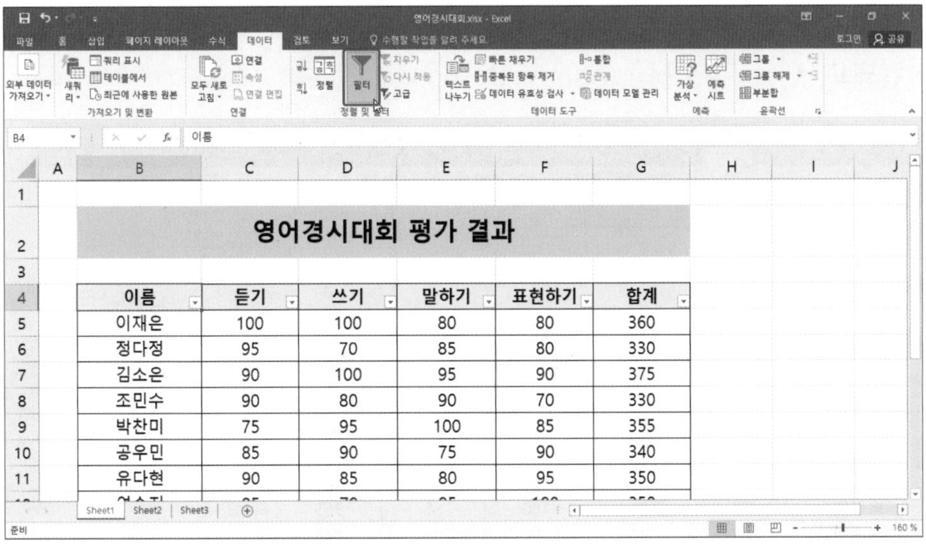

③ [B4] 셀 오른쪽에 표시된 필터 단추를 클릭해요. 메뉴가 표시되면 '텍스트 오름차순 정렬'을 클릭해요.

④ [B]열에 입력된 데이터가 이름 순서에 맞게 오름차순으로 정렬된 것을 확인할 수 있어요.

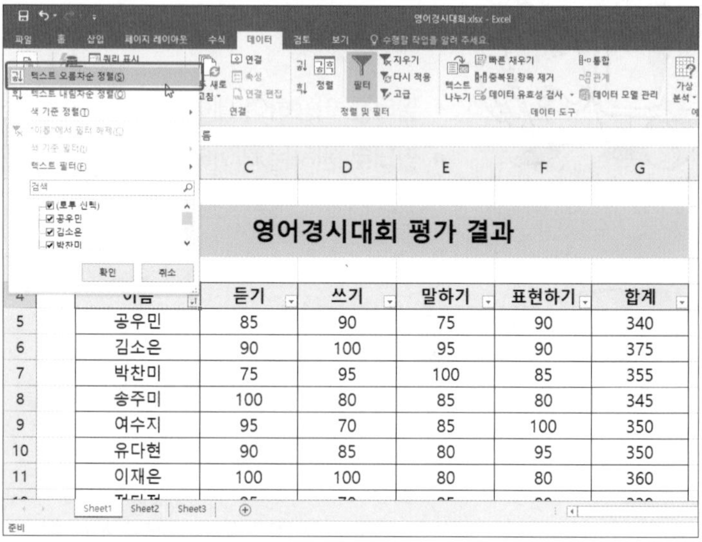

⑤ 다른 기준으로 정렬하기 위해 [D4] 셀에 표시된 필터 단추를 클릭해요. 메뉴가 표시되면 '텍스트 내림차순 정렬'을 클릭해요.

⑥ 이전의 정렬 기준이 사라지고 새로운 정렬 기준에 따라 쓰기 점수가 큰 순서부터 데이터가 정렬돼요.

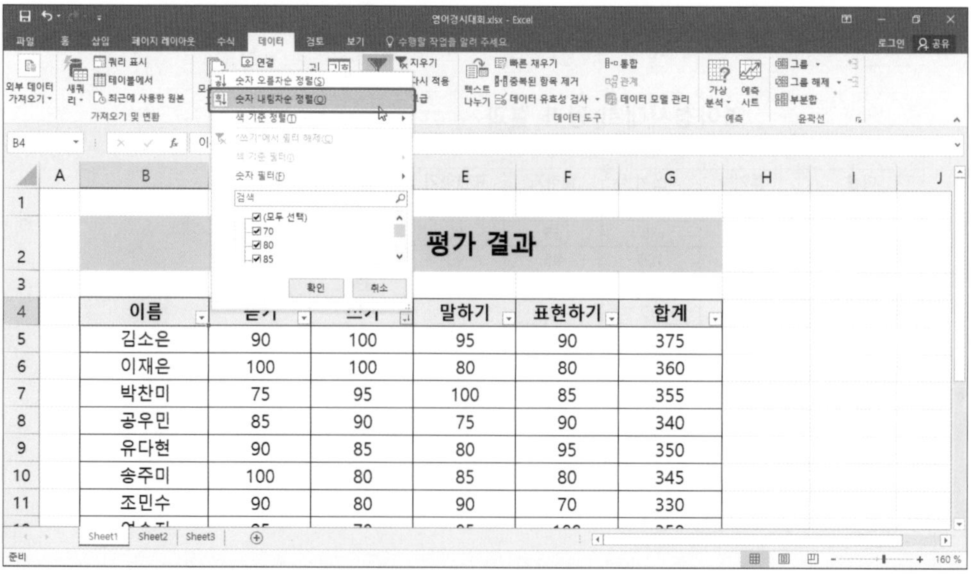

02 원하는 데이터만 표시하기

필터를 이용하여 원하는 데이터만 표시하는 방법을 알아보아요.

1. 원하는 데이터만 표시하기 위해 [B4] 셀의 필터 단추를 클릭해요. 아래에 표시된 데이터 목록에서 표시하려는 데이터만 선택하고 [확인] 단추를 클릭해요.

2. 선택한 데이터만 화면에 표시된 것을 확인할 수 있어요.

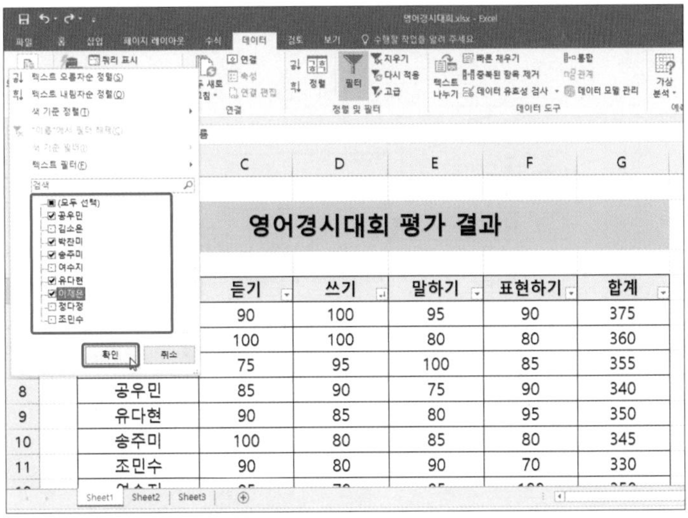

3. 설정된 필터를 해제하기 위해 [B4] 셀의 필터 단추를 클릭해요.

4. 필터 메뉴에서 '"이름"에서 필터 해제'를 선택해요. 설정된 필터가 해제되고 모든 데이터가 표시돼요.

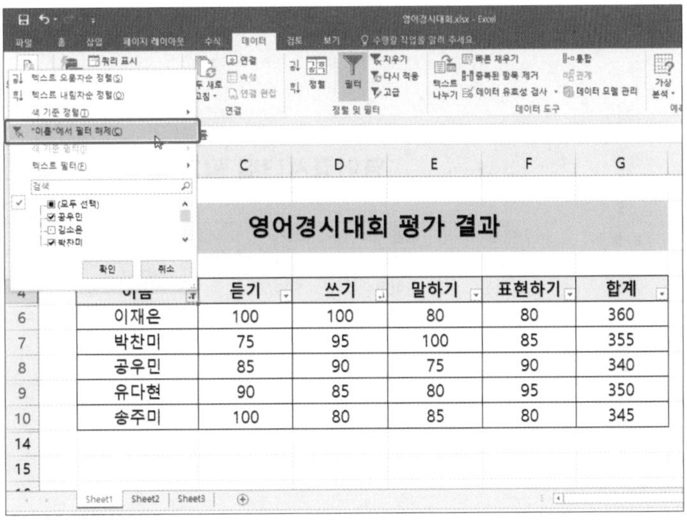

5 원하는 점수만 표시하기 위해 [G4] 셀의 필터 단추를 클릭하고 [숫자 필터]의 [크거나 같음]을 선택해요.

6 [사용자 지정 자동 필터]가 표시되면 [찾을 조건]에 '350'을 입력하고 [확인] 단추를 클릭해요.

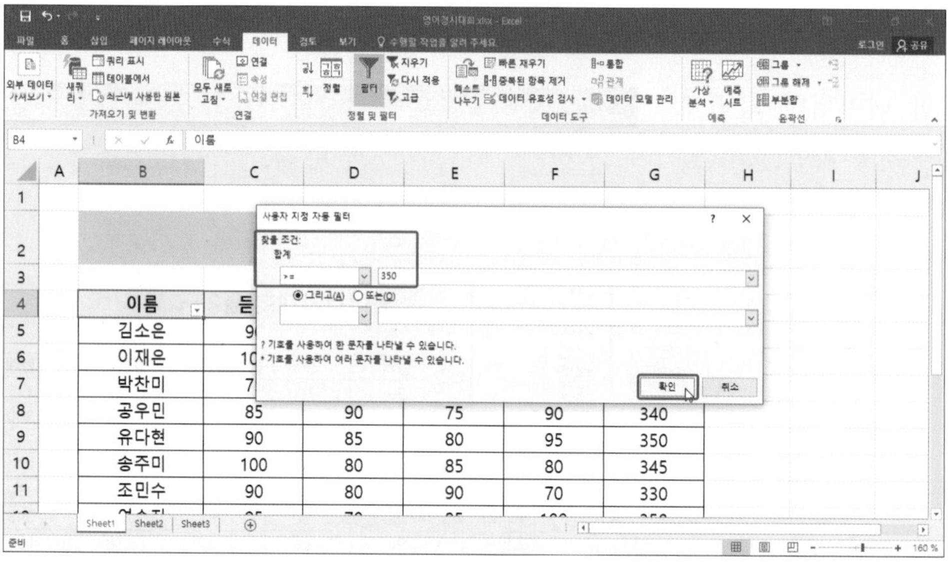

7 그림과 같이 합계가 350이 넘는 데이터만 표시하는 것을 확인할 수 있어요.

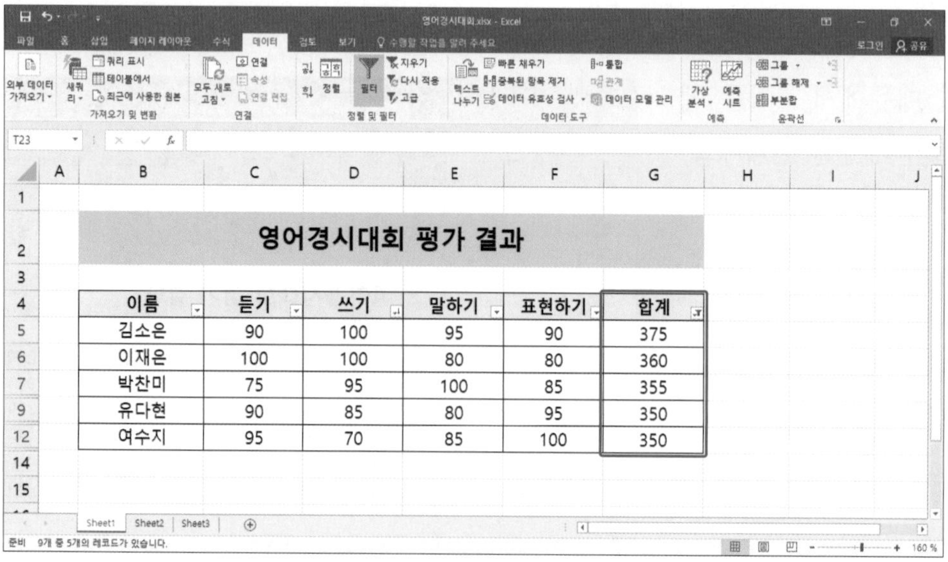

혼자서도 잘해요!

01 파일을 불러온 후 필터를 이용하여 인성과 태도 점수가 90이상인 데이터만 표시해 보세요.

[예제파일] 평가항목.xlsx

	A	B	C	D	E	F	G
1							
2		평가 항목별 점수					
3							
4		이름	인성	태도	화법	문제해결력	기타
5		김소은	90	100	90	100	95
6		이재은	100	100	80	90	80
10		송주미	100	90	80	85	85
11		조민수	90	95	70	75	90
13		정다정	95	90	80	80	85
14							

02 파일을 불러온 후 필터를 이용하여 국어가 80이면서 합계가 350이상인 데이터만 표시해 보세요.

[예제파일] 수행평가.xlsx

	A	B	C	D	E	F	G
1							
2		1학기 수행평가 점수					
3							
4		이름	국어	수학	영어	미술	합계
5		조민수	80	100	90	100	370
9		여수지	80	90	95	100	365
11		박찬미	80	95	100	75	350
13		공우민	80	100	90	85	355
14							

조건부 서식 지정하기

이렇게 배워요!

- 조건에 맞는 셀에만 서식을 지정하는 방법을 알아보아요.
- 데이터 막대로 조건부 서식을 표시하는 방법을 알아보아요.

01 조건부 서식 지정하기

원하는 조건에 해당하는 셀에 서식을 지정하는 방법을 알아보아요.

[예제파일] 체험학습평가.xlsx

① 파일을 불러온 후 [B5:G10] 셀을 블록 설정해요. 조건부 서식을 지정하기 위해 [홈] 탭-[스타일] 그룹-[조건부 서식]의 [새 규칙]을 클릭해요.

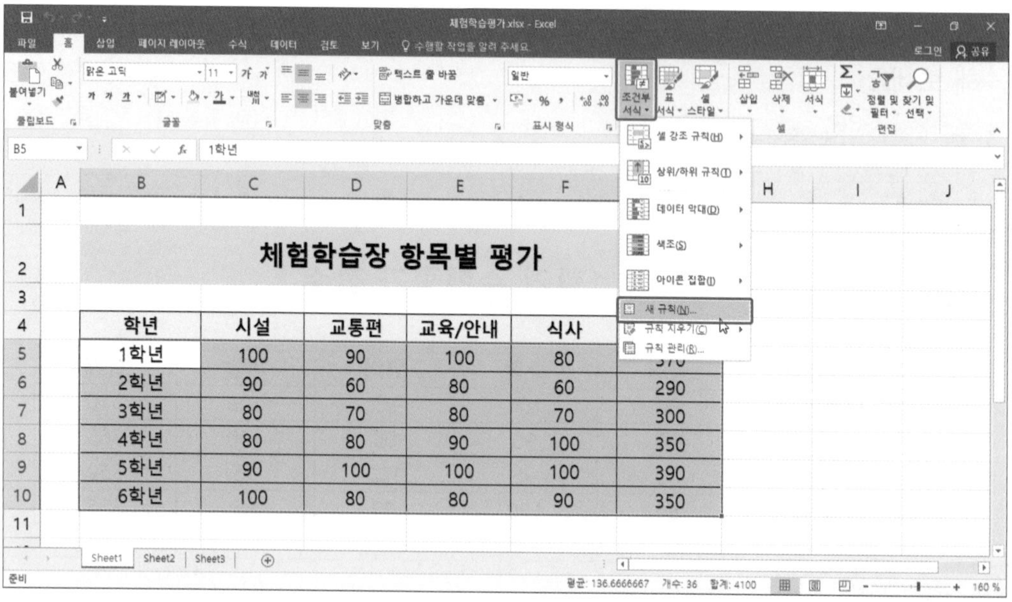

② [새 서식 규칙] 대화상자가 표시되면 '수식을 사용하여 서식을 지정할 셀 결정'을 선택해요.

3 아래에 수식을 입력할 수 있는 부분이 표시되면 '=$G5>=350'을 입력하고 [서식] 단추를 클릭해요.

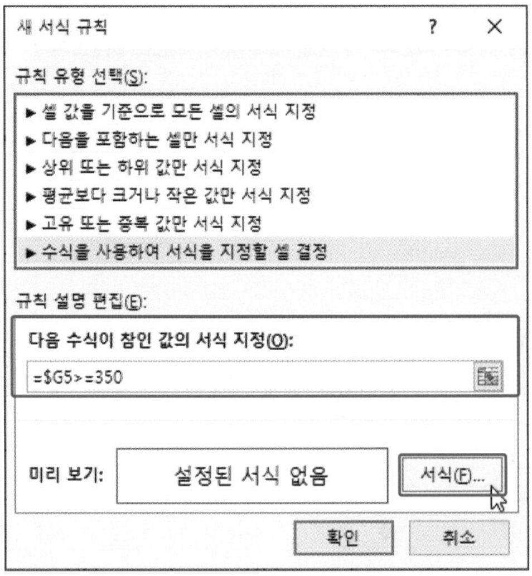

4 [셀 서식] 대화상자가 표시되면 [채우기] 탭에서 [배경색]을 '노랑'으로 선택하고 [확인] 단추를 클릭해요.

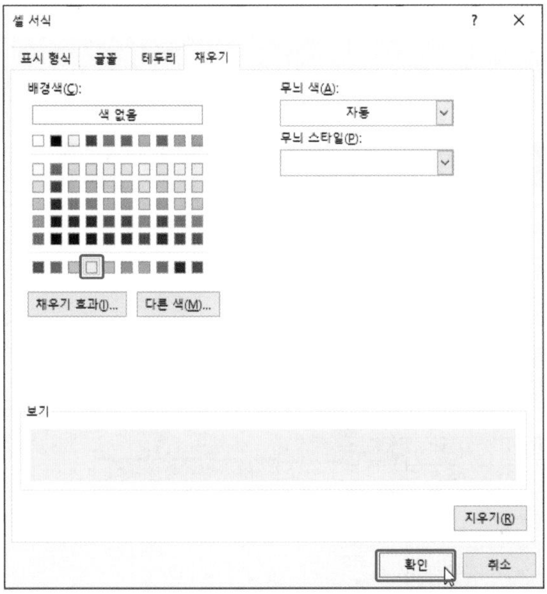

5 [새 서식 규칙] 대화상자가 다시 표시되고 [미리 보기]에 선택한 서식이 표시되면 [확인] 단추를 클릭해요.

❻ 총점이 350이상인 데이터의 전체 행에 노랑색 배경색이 지정된 것을 확인할 수 있어요.

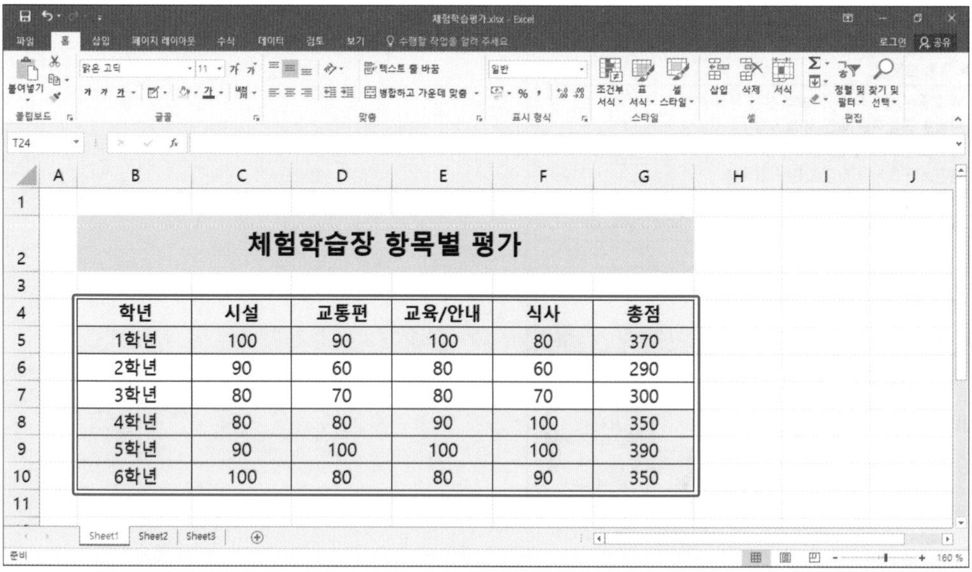

학년	시설	교통편	교육/안내	식사	총점
1학년	100	90	100	80	370
2학년	90	60	80	60	290
3학년	80	70	80	70	300
4학년	80	80	90	100	350
5학년	90	100	100	100	390
6학년	100	80	80	90	350

❼ 조건부 서식을 삭제하기 위해 [홈] 탭-[스타일] 그룹-[조건부 서식]-[규칙 지우기]에서 '시트 전체에서 규칙 지우기'를 선택해요.

❽ 모든 조건부 서식이 삭제된 것을 확인할 수 있어요.

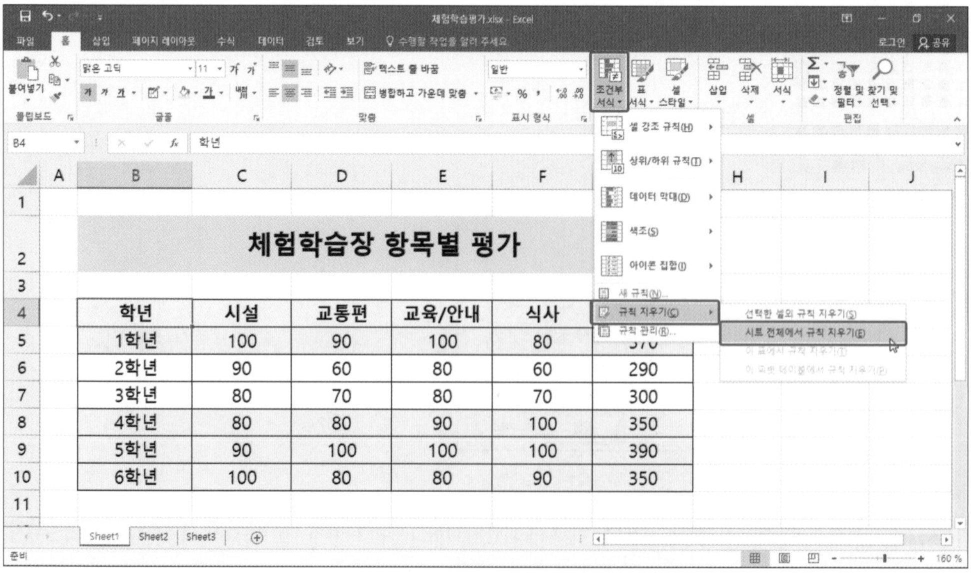

02 데이터 막대로 조건부 서식 표시하기

데이터 값의 크기를 데이터 막대를 이용하여 표시하는 방법을 알아보아요.

❶ 점수가 입력된 [C5:F10] 셀을 블록 설정한 후 [홈] 탭–[스타일] 그룹–[조건부 서식]을 클릭해요.

❷ [데이터 막대]–[그라데이션 채우기]에서 '주황 데이터 막대'를 선택해요. 셀의 데이터 값의 크기에 맞게 막대가 표시되는 것을 확인할 수 있어요.

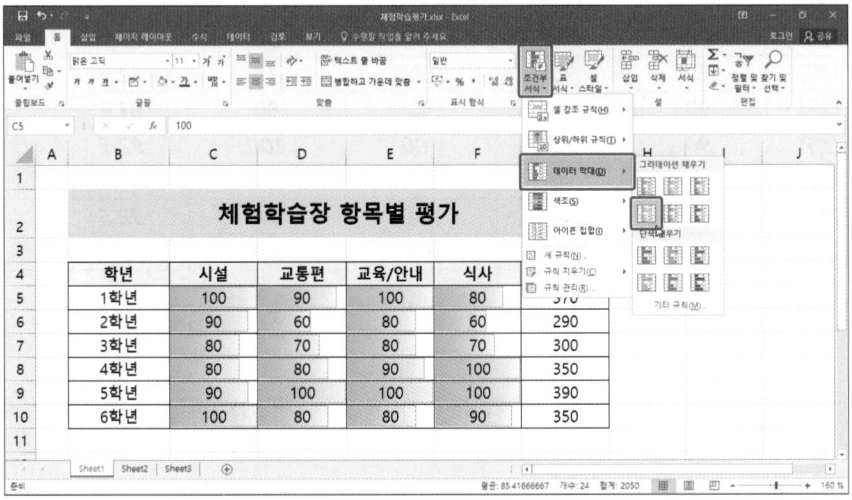

❸ 데이터 값의 크기를 막대 뿐 아니라 아이콘으로 표시할 수 있어요. [조건부 서식]의 [아이콘 집합]에서 '평점 5'를 선택해 데이터 값이 어떻게 표시되는지 확인해 보세요.

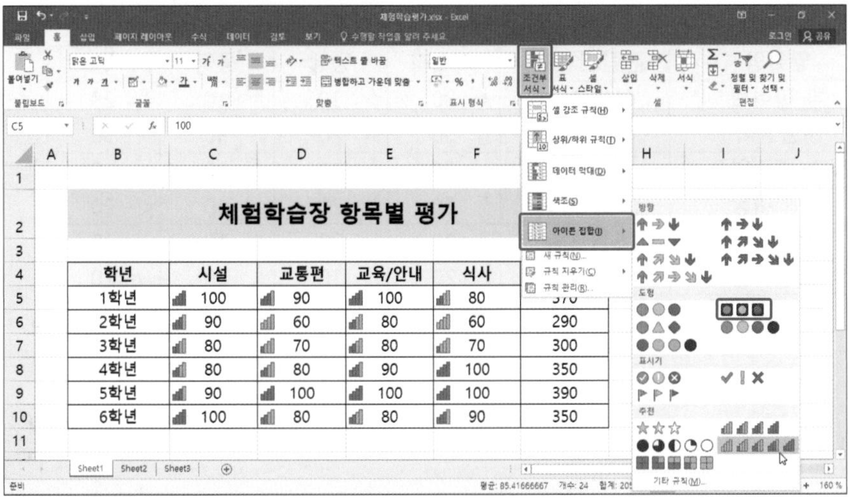

혼자서도 잘해요!

01 파일을 불러온 후 조건부 서식을 이용하여 평균이 90이상인 데이터 행에 '굵은 기울임꼴' 글꼴 서식을 지정해 보세요.

[예제파일] 평가점수.xlsx

	A	B	C	D	E	F	G
1							
2		**방과후 컴퓨터반 평가 점수**					
3							
4		**이름**	**타자연습**	**그림판**	**문서만들기**	**인터넷 검색**	**평균**
5		***김지우***	***80***	***100***	***100***	***80***	***90.0***
6		송유라	80	90	90	70	82.5
7		정민지	90	100	80	80	87.5
8		***박찬수***	***90***	***80***	***100***	***100***	***92.5***
9		고다은	100	90	80	80	87.5
10		***김정유***	***90***	***100***	***100***	***80***	***92.5***
11		***홍미나***	***80***	***100***	***90***	***90***	***90.0***
12							

02 파일을 불러온 후 조건부 서식을 이용하여 점수 부분에 '별 3개' 아이콘을 표시해 보세요.

[예제파일] 영화평가.xlsx

	A	B	C	D	E	F	G
1							
2		**관람한 영화 평가 점수**					
3							
4		**영화명**	**관람한 날짜**	**스토리**	**영상**	**음악**	**재미**
5		빅 히어로	1월 5일	★ 30	★ 30	☆ 10	⯪ 20
6		겨울왕국	1월 30일	★ 30	⯪ 20	★ 30	★ 30
7		빌리 엘리어트	3월 10일	⯪ 20	★ 30	⯪ 20	☆ 10
8		눈의 여왕	4월 25일	⯪ 20	⯪ 20	☆ 10	⯪ 20
9		아이 앰 샘	5월 5일	⯪ 20	⯪ 20	☆ 10	☆ 10
10		오즈의 마법사	6월 4일	⯪ 20	☆ 10	⯪ 20	⯪ 20
11		라따뚜이	7월 10일	★ 30	★ 30	⯪ 20	★ 30
12							

15강 부분합 사용하기

이렇게 배워요!

- 데이터를 정렬하는 방법을 알아보아요.
- 데이터에 부분합을 설정하는 방법을 알아보아요.

01 데이터 정렬과 부분합 설정하기

많은 데이터를 한 눈에 쉽게 파악할 수 있도록 정렬하고 부분합을 설정하는 방법을 알아보아요.

[예제파일] 독서토론.xlsx

1. 데이터를 정렬하기 위해 데이터가 입력된 셀을 선택하고 [데이터] 탭–[정렬 및 필터] 그룹–[정렬]을 클릭해요.

2. [정렬] 대화상자가 표기되면 [열]의 [정렬 기준]은 '학년', [정렬]은 '오름차순', '내 데이터에 머리글 표시'를 선택하고 [확인] 단추를 클릭해요.

③ 데이터가 입력된 부분이 '학년'을 기준으로 작은 값부터 큰 값 순으로 정렬된 것을 확인할 수 있어요.

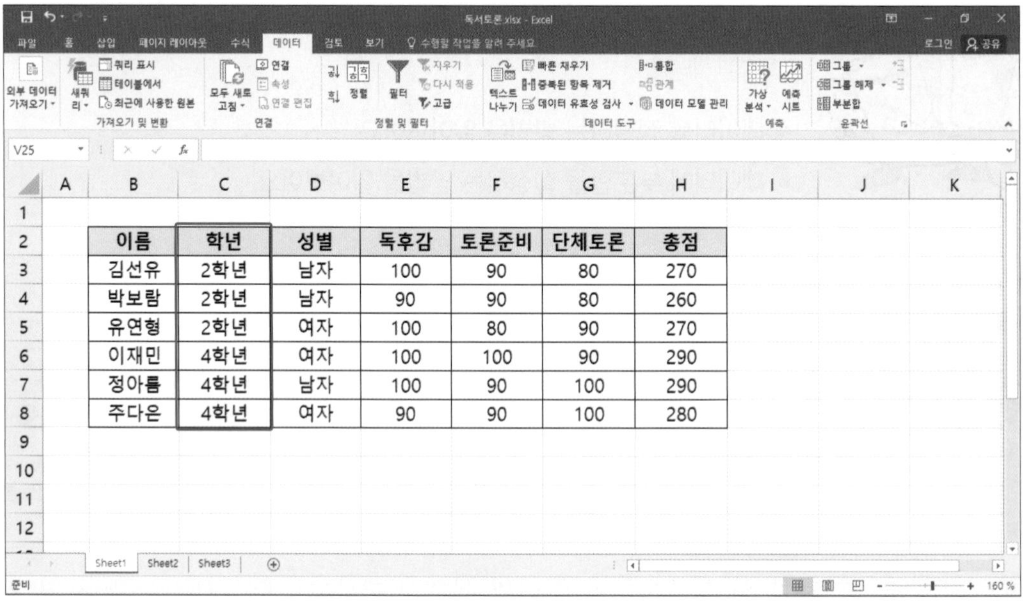

이름	학년	성별	독후감	토론준비	단체토론	총점
김선유	2학년	남자	100	90	80	270
박보람	2학년	남자	90	90	80	260
유연형	2학년	여자	100	80	90	270
이재민	4학년	여자	100	100	90	290
정아름	4학년	남자	100	90	100	290
주다은	4학년	여자	90	90	100	280

④ 부분합을 설정하기 위해 [데이터] 탭-[윤곽선] 그룹의 [부분합]을 클릭해요.

⑤ [부분합] 대화상자가 표시되면 [그룹화할 항목]은 '학년', [사용할 함수]는 '합계', [부분합 계산 항목]은 '독후감', '토론준비', '단체토론'을 선택하고 [확인] 단추를 클릭해요.

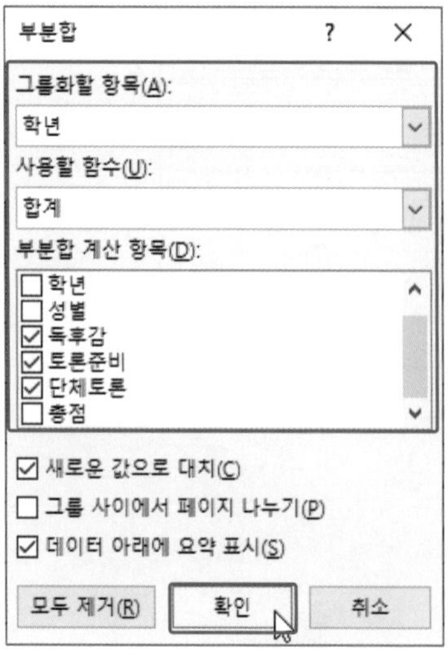

6 그림과 같이 이름에 해당하는 값들을 계산하여 아래에 요약된 합계 결과를 표시해요.

7 시트 왼쪽에 표시된 숫자나 기호 단추를 클릭하면 값을 감추어 요약하거나 전체를 표시할 수 있어요.

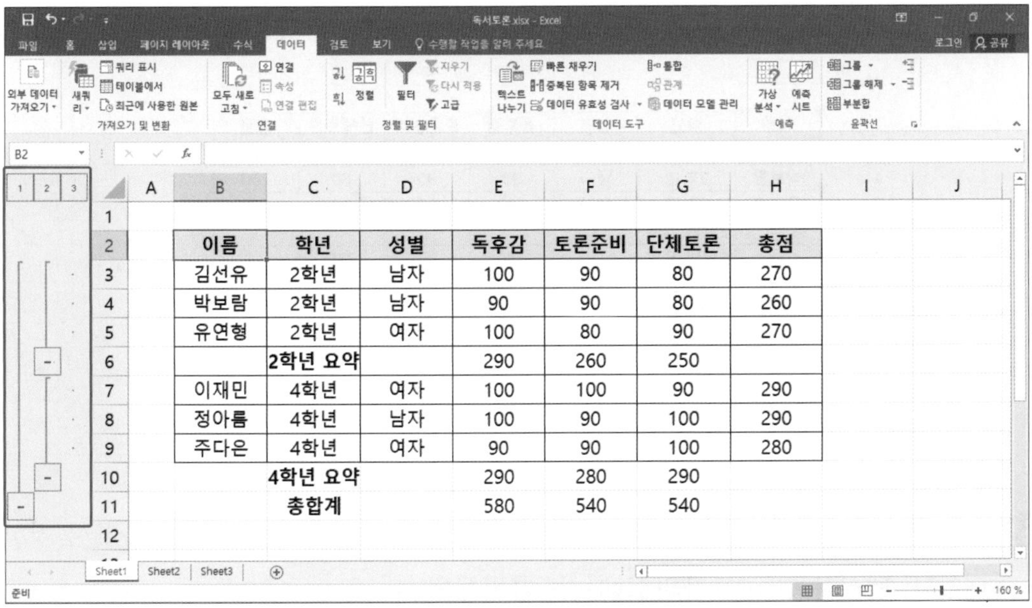

8 부분합을 중첩하여 설정하기 위해 다시 [데이터] 탭-[윤곽선] 그룹의 [부분합]을 클릭해요.

9 [부분합] 대화상자가 표시되면 [그룹화할 항목]은 '학년', [사용할 함수]는 '개수', [부분합 계산 항목]은 '성별'을 선택하고 '새로운 값으로 대치'를 해제한 후 [확인] 단추를 클릭해요.

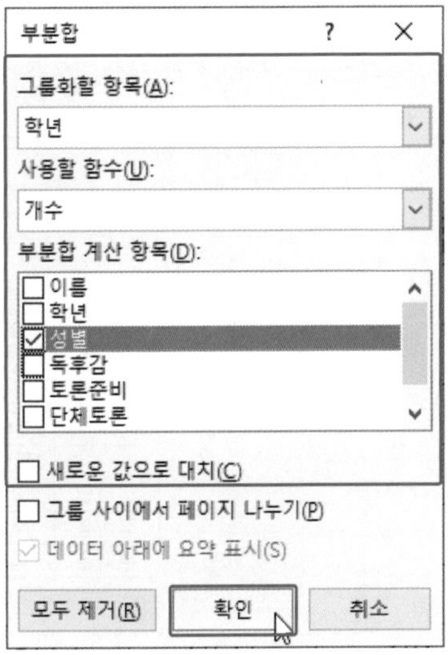

⑩ 그림과 같이 이전에 설정한 부분합은 그대로 남아있고, '성별' 부분만 부분합으로 계산하여 표시되는 것을 확인할 수 있어요.

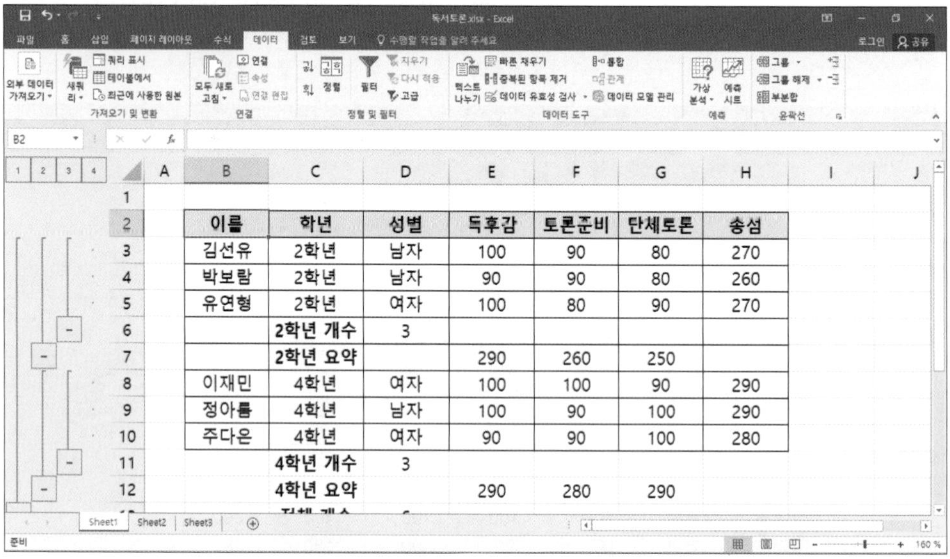

⑪ 여러 데이터를 하나로 묶기 위해 [E]열~[G]열 머리글을 드래그하여 블록 설정한 후 [데이터] 탭–[윤곽선] 그룹의 [그룹]을 클릭해요..

⑫ 선택한 머리글 위에 그룹이 설정된 것을 확인할 수 있어요. 기호 단추를 클릭하면 값을 감추어 요약하거나 전체를 표시할 수 있어요.

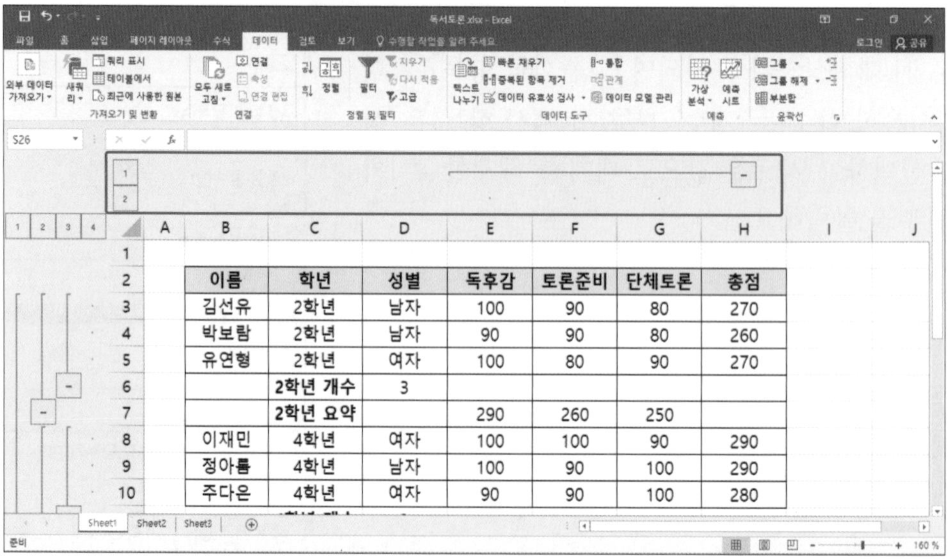

혼자서도 잘해요!

01 파일을 불러온 후 참가지역으로 정렬한 후 그림과 같이 부분합을 설정해 보세요.

[예제파일] 참가인원.xlsx

이름	참가지역	학년	1차 예선	2차 예선	지역 예선	본선
한정우	부산	3학년	참가			
김재영	부산	2학년	참가	참가	참가	
박지민	부산	2학년	참가			
	부산 개수		3	1	1	0
정아름	서울	2학년	참가	참가	참가	
유소미	서울	3학년	참가	참가	참가	참가
안정민	서울	3학년	참가	참가	참가	참가
	서울 개수		3	3	3	2
	전체 개수		6	4	4	2

02 파일을 불러온 후 학년으로 정렬한 후 그림과 같이 부분합과 그룹을 설정해 보세요.

[예제파일] 발명대회.xlsx

이름	학년	창의점수	현장점수	전문가평가	합계	순위
김주희	4학년	100	90	80	270	3위
민유정	4학년	80	90	80	250	5위
윤혜미	4학년	90	100	100	290	1위
	4학년 평균	90				
주영민	5학년	90	100	90	280	2위
박소영	5학년	80	80	90	250	5위
이소민	5학년	100	80	80	260	4위
	5학년 평균	90				
	전체 평균	90				

16강 차트 만들기

이렇게 배워요!

- 시트에 차트를 삽입하는 방법을 알아보아요.
- 차트의 각 구성 요소를 변경하는 방법을 알아보아요.

01 차트 삽입하기

시트에 입력된 표를 이용하여 차트를 삽입하는 방법을 알아보아요.

[예제파일] 단체줄넘기.xlsx

1. 파일을 불러온 후 차트로 사용할 영역으로 [A2:E4]를 블록 설정해요.

2. 차트를 삽입하기 위해 [삽입] 탭-[차트] 그룹-[세로 막대형]의 [2차원 세로 막대형]에서 '묶은 세로 막대형'을 선택해요.

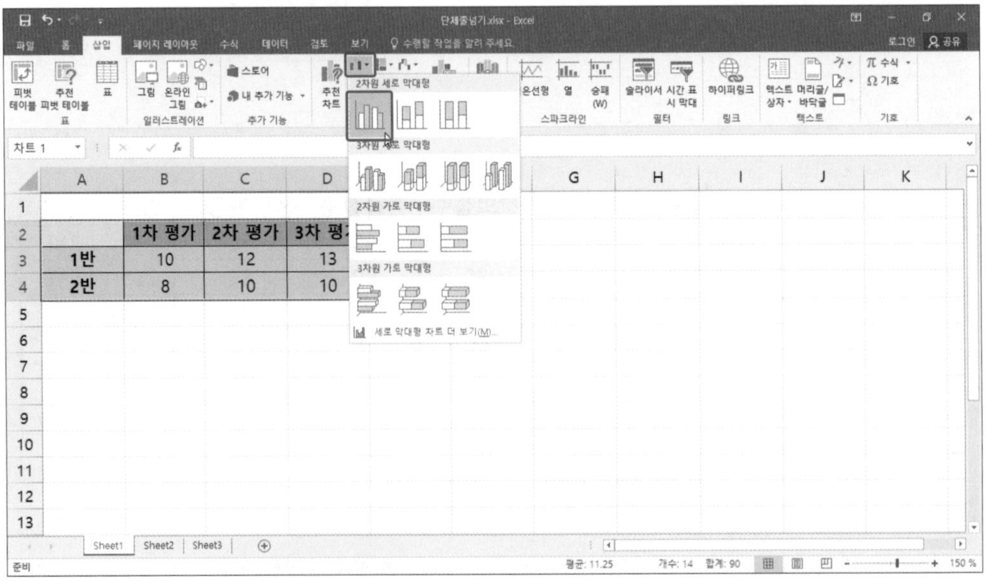

③ 선택한 차트가 시트에 삽입되면 조절점을 마우스로 드래그하여 [A6:H14] 셀에 맞도록 위치와 크기를 조절해요.

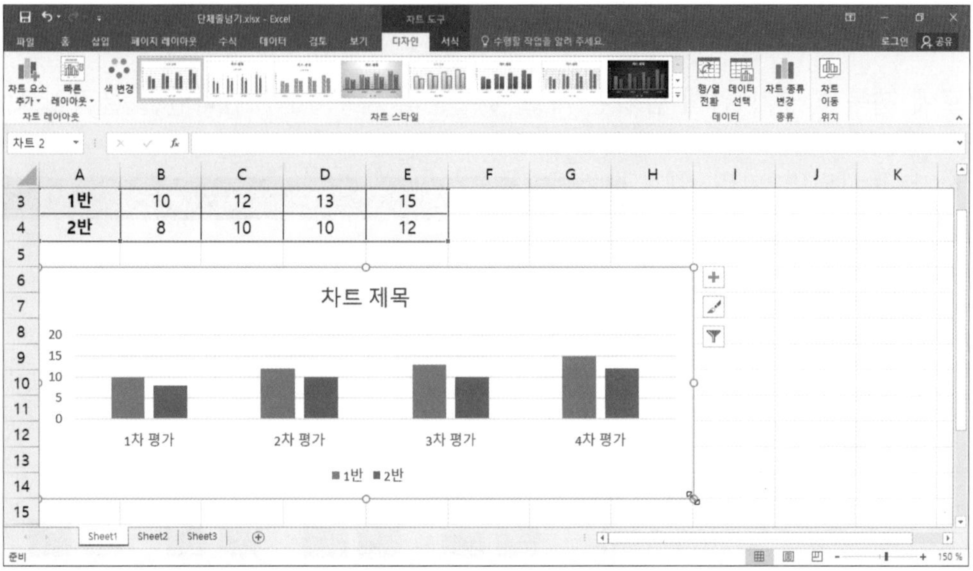

④ 차트 스타일을 바꾸기 위해 [차트 도구]-[디자인] 탭-[차트 스타일] 그룹의 [자세히]를 클릭해요.

⑤ 차트 스타일 목록에서 '스타일 6'을 선택하면 삽입된 차트의 스타일이 바뀌는 것을 확인할 수 있어요.

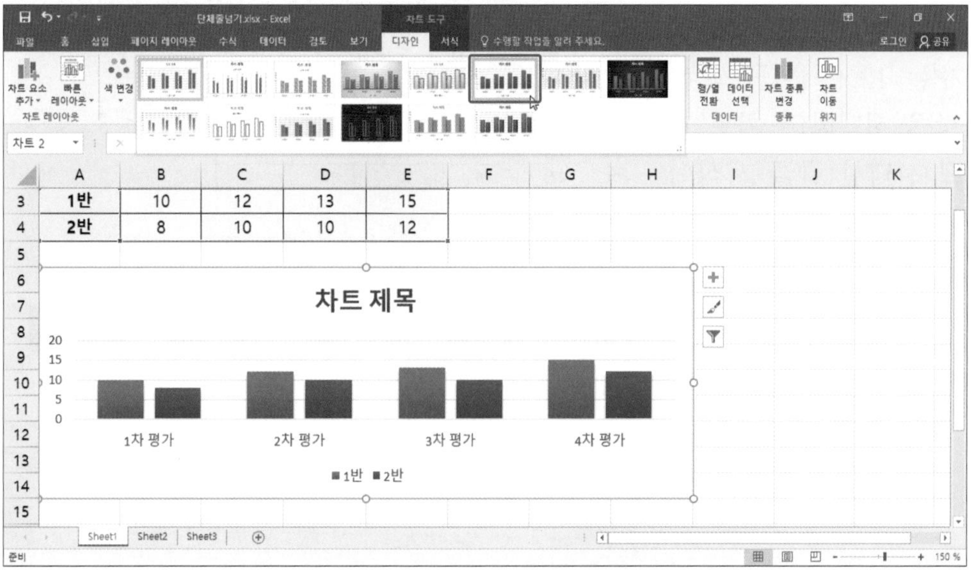

02 차트 서식 설정하기

차트를 구성하는 요소들의 위치를 바꾸고 서식을 설정하는 방법을 알아보아요.

1 차트에 제목을 넣기 위해 삽입된 차트 윗부분의 차트 제목 입력란을 클릭해요.

2 커서가 표시되면 미리 입력되어 있는 내용을 삭제한 후 '반 별 단체줄넘기 횟수'를 입력해요.

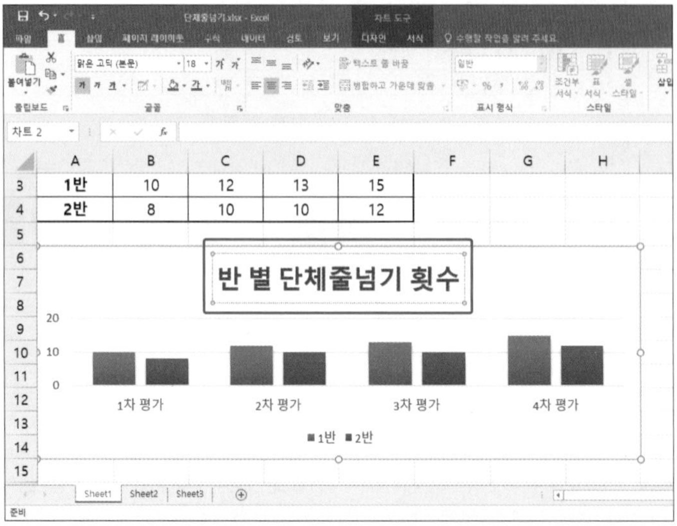

3 차트 제목의 글꼴 서식을 바꾸기 위해 마우스로 차트 제목 부분을 클릭하여 선택해요.

4 [홈] 탭-[글꼴] 그룹에서 [글꼴]은 '맑은 고딕', [글꼴 크기]는 '12pt', [글꼴 색]은 '파랑'을 선택해요. 차트 제목에 선택한 글꼴 서식이 적용된 것을 확인할 수 있어요.

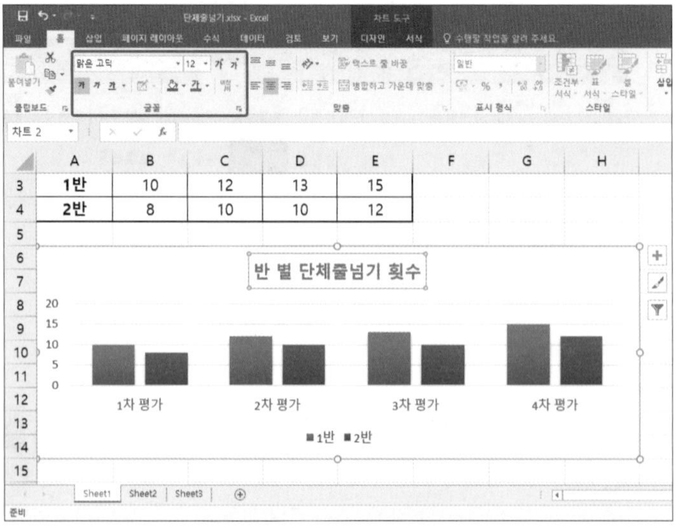

⑤ 범례의 위치를 바꾸기 위해 [차트 도구]-[디자인] 탭-[차트 레이아웃] 그룹의 [차트 요소 추가]를 클릭하고 [범례]에서 '오른쪽'을 선택해요.

⑥ 차트 아래쪽에 표시되었던 범례가 차트 오른쪽으로 이동한 것을 확인할 수 있어요.

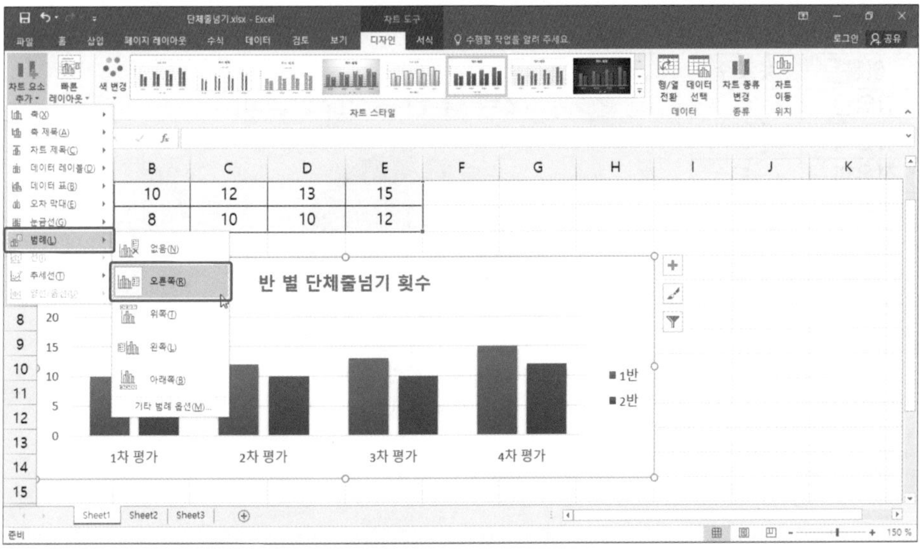

⑦ 차트 막대 부분에 값을 입력하기 위해 [차트 도구]-[디자인] 탭-[차트 레이아웃] 그룹의 [차트 요소 추가]를 클릭하고 [데이터 레이블]에서 '바깥쪽 끝에'를 선택해요.

⑧ 차트 막대 바깥 부분에 참조한 셀의 데이터 값이 표시된 것을 확인할 수 있어요

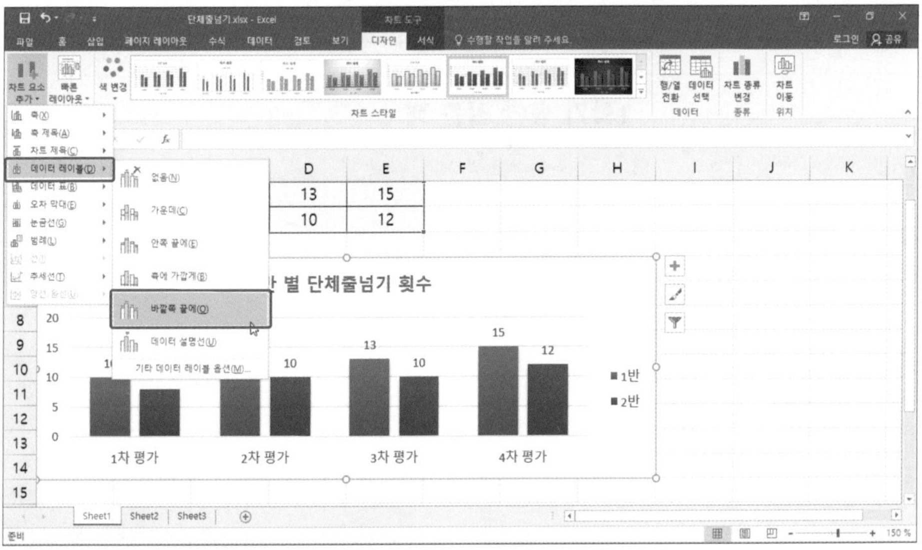

혼자서도 잘해요!

01 파일을 불러온 후 그림과 같이 차트를 삽입해 보세요.

[예제파일] 학급투표.xlsx

이름	득표수
김영준	8
박상미	6
전유미	3
이서연	2
임나은	5

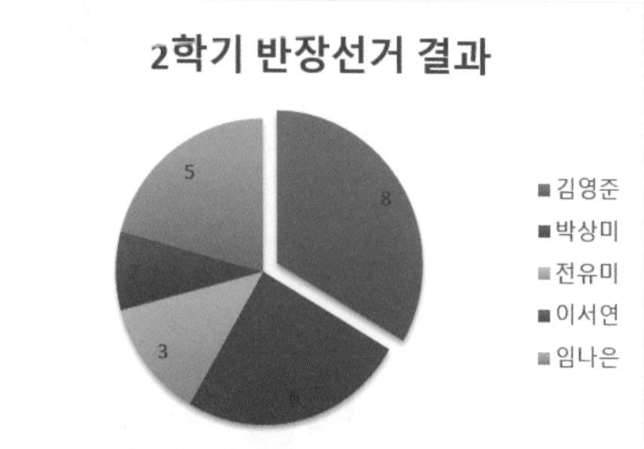

02 파일을 불러온 후 그림과 같이 차트를 삽입해 보세요.

[예제파일] 독서횟수.xlsx

	3월	4월	5월	6월	7월
읽은 책	8	12	6	10	15

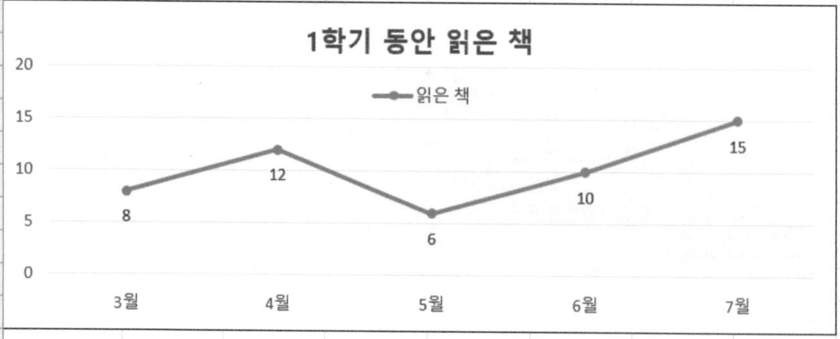

솜씨 뽐내기

[연습파일] 말하기대회.xlsx

영어 말하기 대회 결과 만들기

두 번의 평가에서 누가 가장 높은 점수를 받았는지 쉽게 파악할 수 있는 시트를 완성해 보세요.

영어 말하기 대회 평가 결과

이름	1차평가	1차결과	2차평가	2차결과	합계	평균
김유미	100	합격	95	합격	195	97.5
지창수	90	합격	95	합격	185	92.5
변동진	100	합격	100	합격	200	100
정민우	90	합격	90	합격	180	90
조연수	90	합격	100	합격	190	95
양민영	100	합격	90	합격	190	95

HINT

도형 제목

- [기본 도형]의 '배지' 도형을 삽입하고, '보통 효과 – 황록색, 강조 3' 도형 스타일을 적용합니다.
- '영어 말하기 대회 평가 결과' 텍스트를 입력하고, '맑은 고딕', '18pt', '굵게' 글꼴 서식을 적용합니다.
- 가로와 세로를 각각 '가운데 맞춤'을 적용하여 도형내의 텍스트를 배치합니다.

합계와 평균

- 합계는 1차평가와 2차평가의 점수의 합을 구해야 합니다. [G4] 셀에 '=C4+E4'와 같이 계산식을 입력하여 구합니다.
- 평균은 1차평가와 2차평가 점수의 합을 2로 나누어야 합니다. [H4] 셀에 '=(C4+E4)/2' 또는 '=G4/2'와 같이 계산식을 입력하여 구합니다.

표 서식과 필터

- [B3:H12] 셀에 '표 스타일 보통 18' 표 서식을 적용합니다.
- 제목 행의 필터 화살표를 이용하여 1차평가와 2차평가가 모두 합격인 데이터만 표시합니다.

솜씨 뽐내기

[연습파일] 대회대진표.xlsx

축구 대회 대진표 만들기

여러 국가의 팀이 축구 대회를 할 때 어느 팀과 경기를 할지 정하는 대진표를 도형으로 만들어 보세요.

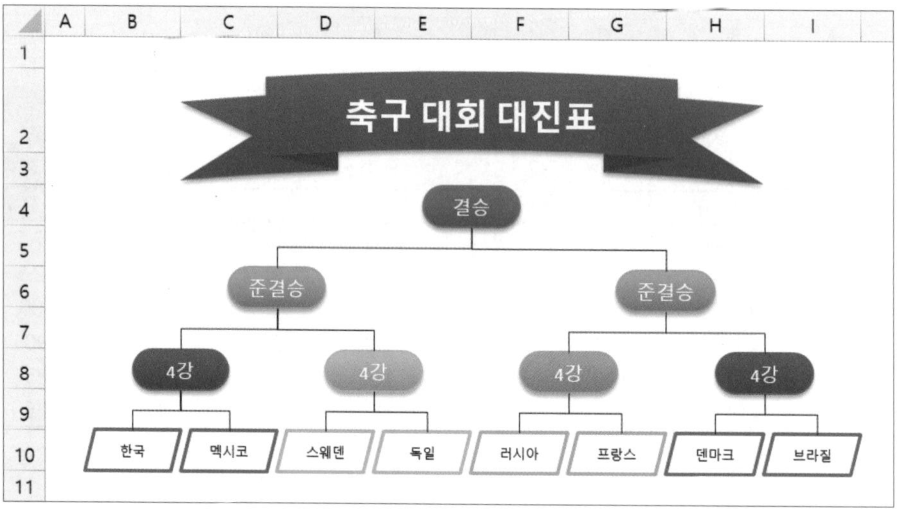

HINT

제목 만들기

- [기본 도형]의 '위로 구부러진 리본'을 [C2:H3] 셀에 삽입하고 '강한 효과 – 빨강, 강조 2' 도형 스타일을 적용합니다.
- '축구 대회 대진표' 텍스트를 입력하고 '맑은 고딕', '18pt', '굵게' 글꼴 서식을 적용합니다.
- 가로와 세로를 각각 '가운데 맞춤'을 적용하여 도형의 정가운데에 텍스트를 배치합니다.

도형 만들기

- [기본 도형]의 '모서리가 둥근 직사각형' 도형을 삽입하고, 노란색 조절점으로 양 옆을 둥글게 만듭니다.
- '결승', '준결승', '4강' 텍스트를 입력하고, 그림과 같이 도형 스타일을 적용합니다.
- [기본 도형]의 '평행 사변형' 도형을 각 셀의 너비에 맞게 삽입합니다. 그림과 같이 도형 스타일을 적용하고, 도형 안에 각 국가의 이름을 입력한 후 '맑은 고딕', '7pt' 글꼴 서식을 적용합니다.

연결선 만들기

- [선]의 '꺾인 연결선' 도형을 이용하여 각 도형을 그림과 같이 연결하고, [도형 윤곽선]은 '검정, 텍스트 1', [두께]는 '1/4pt'로 설정합니다.
- [보기] 탭–[표시] 그룹의 '눈금선'을 해제하면 시트에 표시된 눈금선이 표시되지 않습니다.

솜씨 뽐내기

[연습파일] 유럽의국가.xlsx

유럽의 국가 조사표 만들기

유럽에는 어떤 나라가 있을까요? 각 국가의 정보를 인터넷으로 찾아보고 클립 아트로 국기도 입력해 보세요.

유럽의 국가

국가명	영국	국가명	독일	국가명	프랑스
영문이름	United Kingdom	영문이름	Germany	영문이름	France
인구수	68,207,114	인구수	83,900,471	인구수	65,426,177
국기		국기		국기	
국가명	스위스	국가명	네덜란드	국가명	덴마크
영문이름	Switzerland	영문이름	Netherlands	영문이름	Denmark
인구수	8,715,494	인구수	17,173,094	인구수	5,813,302
국기		국기		국기	

HINT

인터넷에서 정보 가져오기

- 네이버(www.naver.com)와 같은 포털 사이트에서 각 국가의 정보를 검색합니다.
- 각 국가의 영문이름과 인구수를 찾은 후 텍스트를 복사하여 가져오거나 셀에 직접 입력합니다.
- '인구수'가 입력된 셀에는 [홈] 탭-[표시 형식] 그룹에서 [쉼표 스타일]을 적용해 천 단위 구분기호를 삽입합니다.

클립 아트 삽입하기

- [삽입] 탭-[일러스트레이션] 그룹-[온라인 그림]에서 각 국가를 검색합니다.
- 각 국가와 관련된 온라인 그림이 표시되면 국기를 찾아 시트에 삽입하고 셀 안에 들어갈 수 있도록 크기를 조절합니다.

솜씨 뽐내기

[연습파일] 상품판매현황.xlsx

편의점 상품 판매 현황표 만들기

내가 자주 가는 편의점에서는 어떤 상품이 인기가 있을까요? 편의점의 상품 판매 현황을 알 수 있는 표를 완성해 보세요.

	A	B	C	D	E	F	G
1							
2		편의점 상품 판매 현황표					
3		제품명	분류	가격	판매수량	보관방법	순위
4		영양가득 야채타임	음료	1,500	800	냉장	6
5		부드러운 고구마 라떼	유제품	2,000	1,150	냉장	4
6		상큼 오렌지 스퀴즈	음료	1,200	1,450	실온	2
7		톡톡 복숭아 에이드	음료	1,300	1,300	실온	3
8		유기농 당근 주스	음료	2,000	900	냉장	5
9		민트 초콜릿 우유	유제품	1,800	1,500	냉장	1
10		보관방법이 냉장인 제품의 평균 가격					1,825
11		분류가 음료인 제품의 판매수량 합계					4,450
12							

HINT

제목 도형 만들기

- [기본 도형]의 '모서리가 접힌 도형'을 삽입하고, '강한 효과 – 파랑, 강조 1' 도형 스타일을 적용합니다.
- '편의점 상품 판매 현황표' 텍스트를 입력하고, '맑은 고딕', '18pt', '굵게', '기울임꼴' 글꼴 서식을 적용합니다. 텍스트가 도형의 가로와 세로의 가운데에 정렬되도록 '가운데 맞춤'을 설정합니다.

셀 서식 지정하기

- [B3:G11] 셀에 '모든 테두리'를 적용하고, 셀의 너비를 기준으로 '가운데 맞춤'을 설정합니다.
- [B3:G3], [B10:D11] 셀에 '맑은 고딕', '11pt', '굵게' 글꼴 서식을 적용하고, [채우기 색]은 '파랑, 강조 1, 60% 더 밝게'를 적용합니다.
- [D4:E9] 셀에 천 단위 구분기호를 삽입하기 위해 [홈] 탭–[표시 형식] 그룹에서 [쉼표 스타일]을 적용합니다.

함수로 계산하기

- 순위를 구하기 위해 [G4] 셀에 '=RANK(E4,$E$4:$E$9)'를 입력하고, [G9] 셀까지 드래그하여 함수식을 복사합니다.
- 보관방법이 냉장인 제품의 평균 가격을 구하기 위해 [E10:G10] 셀에 '=AVERAGE(D4:D5,D8:D9)'를 입력합니다.
- 분류가 음료인 제품의 판매수량 합계를 구하기 위해 [E11:G11] 셀에 '=SUM(E4,E6:E8)'을 입력합니다.

[연습파일] 칼로리표.xlsx

주요 음식 칼로리표 만들기

우리가 자주 먹는 음식은 칼로리가 얼마나 될까요? 어떤 음식이 칼로리가 높은지 알아보고 문서를 예쁘게 꾸며 보아요.

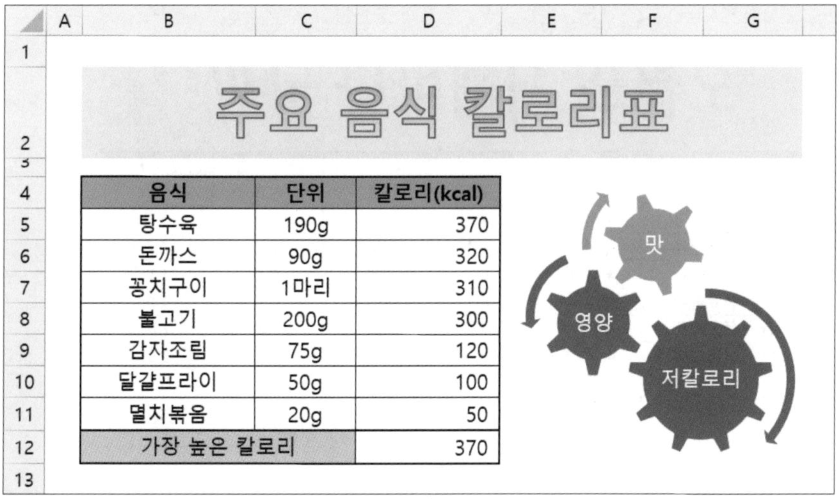

음식	단위	칼로리(kcal)
탕수육	190g	370
돈까스	90g	320
꽁치구이	1마리	310
불고기	200g	300
감자조림	75g	120
달걀프라이	50g	100
멸치볶음	20g	50
가장 높은 칼로리		370

HINT

WordArt로 제목 만들기

- [삽입] 탭–[텍스트] 그룹의 [WordArt]에서 '그라데이션 채우기 – 자주, 강조 4 – 윤곽선, 강조 4'를 선택해서 삽입하고 '주요 음식 칼로리표' 텍스트를 입력합니다.
- '맑은 고딕', '28pt', '굵게' 글꼴 서식을 적용하고 [B2:G2] 셀의 가운데로 드래그하여 이동합니다.

표 정렬과 함수로 계산하기

- 칼로리가 높은 순서대로 정렬하기 위해 [B4:D11] 셀을 블록 설정한 후 [데이터] 탭–[정렬 및 필터] 그룹의 [정렬]에서 [정렬 기준]은 '칼로리(kcal)', [정렬]은 '내림차순'을 선택해서 정렬합니다.
- 가장 높은 칼로리를 구하기 위해 [D12] 셀에 '=MAX(D5:D11)' 함수식을 입력합니다.

SmartArt 삽입하기

- [삽입] 탭–[일러스트레이션] 그룹의 [SmartArt]에서 [관계형] 범주의 '톱니 바퀴형'을 선택해 삽입합니다.
- 삽입된 SmartArt를 드래그하여 [E4:G12] 셀에 삽입하고 [SmartArt 도구]–[디자인] 탭–[SmartArt 스타일] 그룹의 [색 변경]에서 [색상형]의 '색상형 범위 – 강조색 4 또는 5'를 선택하고 텍스트를 삽입합니다.

오늘의 바다 날씨표 만들기

[연습파일] 바다날씨.xlsx

해 바다의 날씨를 알려주는 바다 날씨표를 완성해 보세요.

오늘의 서해바다 날씨

지역	풍향	풍속(최저)	풍속(최고)	파고(최저)	파고(최고)
전북북부앞바다	북서-북	7	12	1.0	1.5
전북남부앞바다	북서-북	7	12	1.0	1.5
충남남부앞바다	***서-북서***	***6***	***10***	***0.5***	***1.5***
경기북부앞바다	***북서-북***	***6***	***10***	***0.5***	***1.0***
경기남부앞바다	***북서-북***	***6***	***10***	***0.5***	***1.0***
충남북부앞바다	***서-북서***	***6***	***10***	***0.5***	***1.0***
전남북부서해앞바다	북서-북	5	8	0.5	0.5
전남중부서해앞바다	북서-북	5	8	0.5	0.5
전남남부서해앞바다	북서-북	5	8	0.5	0.5

HINT

WordArt로 제목 만들기

- [삽입] 탭–[텍스트] 그룹의 [WordArt]에서 '채우기 – 파랑, 강조 1, 그림자'를 선택해서 삽입하고 '오늘의 서해바다 날씨' 텍스트를 입력하고 [홈] 탭–[글꼴] 그룹에서 '굵게'를 지정합니다.
- [그리기 도구]–[서식] 탭–[WordArt 스타일] 그룹의 [텍스트 효과]에서 [변환]의 '이중 물결 1'을 설정하고 [B2:G2] 셀 안에 들어가도록 크기와 위치를 설정합니다.

표 스타일 적용하기

- [B4:G13] 셀을 블록 설정하고 [홈] 탭–[스타일] 그룹–[표 서식]에서 '표 스타일 보통 20' 표 스타일을 적용합니다.

필터로 정렬하기

- 제목 행 옆에 표시된 필터 단추를 클릭해서 '풍속(최고)'를 '숫자 내림차순 정렬', '파고(최고)'를 '숫자 내림차순 정렬'로 설정합니다.

조건부 서식 적용하기

- '풍속(최저)'가 '6'인 셀만 강조하기 위해 [B5:G13] 셀을 블록 설정하고 [홈] 탭–[스타일] 그룹–[조건부 서식]에서 [새 규칙]을 선택합니다.
- [새 서식 규칙] 대화상자에서 '수식을 사용하여 서식을 지정할 셀 결정'을 선택하고 [규칙 설명 편집]의 빈 칸에는 '=$D5=6'을 입력합니다.
- 셀 서식은 [글꼴 스타일]의 '굵은 기울임꼴'을 선택합니다.

[연습파일] 독서챔피언.xlsx

우리 반 독서 챔피언 만들기

우리 반에서 책을 가장 많이 읽은 친구는 누구일까요? 20권 이상 읽은 친구들만 표시하고 차트로 만들어 보세요.

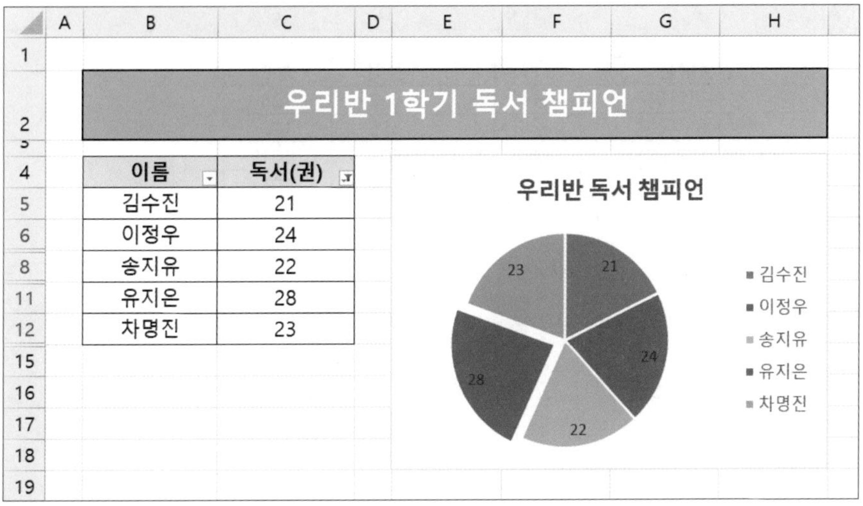

HINT

필터로 원하는 데이터만 표시하기

- 20권 이상 책을 읽은 사람만 표시하기 위해 [B4:C14] 셀을 블록 설정하고 [데이터] 탭-[정렬 및 필터] 그룹에서 [필터]를 설정합니다.
- [C4] 셀 옆에 표시된 필터 단추를 클릭하고, [숫자 필터]-[크거나 같음]을 선택하고 [찾을 조건]에 '20'을 입력합니다.

차트로 만들기

- 필터로 정렬된 [B4:C12] 셀을 블록 설정한 후 [삽입] 탭-[차트] 그룹-[원형 또는 도넛형 차트 삽입]에서 [2차원 원형]의 '원형' 차트를 선택합니다.
- 시트에 삽입된 차트를 드래그하여 [E4:H18] 셀 크기에 맞게 조절합니다.
- 차트에 삽입된 제목을 '우리반 독서 챔피언'으로 변경하고, [글꼴 크기]를 '12pt', '굵게'를 설정합니다.
- 범례 위치를 바꾸기 위해 [차트 도구]-[디자인] 탭-[차트 레이아웃] 그룹-[차트 요소 추가]의 [범례]에서 '오른쪽'을 선택합니다.
- 차트에 값을 표시하기 위해 [차트 도구]-[디자인] 탭-[차트 레이아웃] 그룹-[차트 요소 추가]의 [데이터 레이블]에서 '안쪽 끝에'를 선택합니다.
- '유지은'에 해당하는 조각을 마우스로 드래그하여 그림과 같이 만듭니다.

솜씨 뽐내기

빌딩 높이 비교 차트 만들기

[연습파일] 마천루.xlsx

아시아에는 세계에서 높은 빌딩들이 많이 있다고 해요. 얼마나 높은지 비교하는 차트를 만들어 보세요.

건물이름	지역	높이	층수
상하이타워	동아시아	632	128
롯데월드타워	동아시아	555	123
타이베이 금융센터	동아시아	509	101
ICC타워	동아시아	484	108

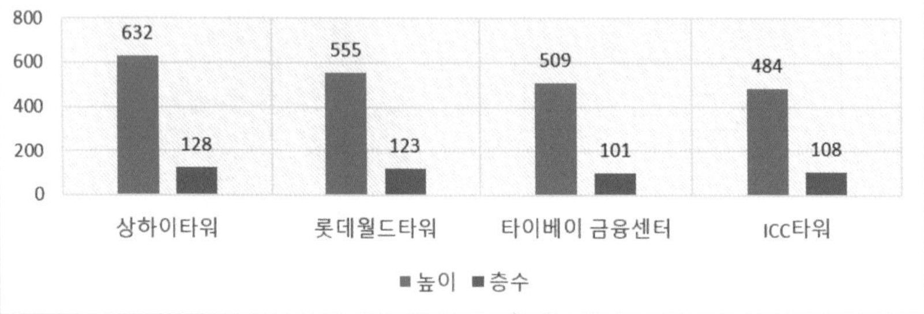

HINT

필터로 원하는 데이터만 표시하기

- 지역이 '동아시아'인 데이터만 표시하기 위해 [B2:E8] 셀을 블록 설정한 후 [데이터] 탭-[정렬 및 필터] 그룹-[필터]를 클릭합니다.
- [C2] 셀 옆에 표시된 필터 단추를 클릭하고, 아래에 표시된 목록에서 '동아시아'만 선택합니다.

차트로 만들기

- 필터로 정렬된 [B2:B8], [D2:E8] 셀을 블록 설정한 후 [삽입] 탭-[차트] 그룹-[세로 또는 가로 막대형 차트 삽입]에서 [2차원 세로 막대형]의 '묶은 세로 막대형' 차트를 선택합니다.
- 시트에 삽입된 차트를 드래그하여 [B10:G19] 셀 크기에 맞게 조절합니다.
- 차트 안에 미리 삽입된 제목 입력 부분을 선택하고 삭제합니다.
- 차트를 선택하고 [차트 도구]-[디자인] 탭-[차트 스타일] 그룹의 [자세히]에서 '스타일 7'을 선택합니다.
- 차트에 값을 표시하기 위해 [차트 도구]-[레이아웃] 탭-[레이블] 그룹의 [데이터 레이블]에서 '바깥쪽 끝에'를 선택합니다.

memo